EL DESPIDO

EL DESTINO

EL DESPIDO

Wilbert Torre

temas 'de hoy.

Diseño de portada: Óscar O. González
Diseño de interiores: Víctor Ortiz Pelayo - www.nigiro.com
Fotografía de portada: Germán Canseco / Procesofoto

© 2015, Wilbert Torre

Derechos reservados

© 2015, Editorial Planeta Mexicana, S.A. de C.V.
Bajo el sello editorial TEMAS DE HOY M.R.
Avenida Presidente Masarik núm. 111, Piso 2
Colonia Polanco V Sección
Deleg. Miguel Hidalgo
C.P. 11560, México, D.F.
www.planetadelibros.com.mx

Primera edición: junio de 2015
ISBN: 978-607-07-2855-6

Impreso en los talleres de Litográfica Ingramex, S.A. de C.V.
Centeno núm. 162, colonia Granjas Esmeralda, México, D.F.
Impreso y hecho en México – *Printed and made in Mexico*

A Daniel Lizárraga, Rafael Cabrera, Irving Huerta,
Sebastián Barragán y todos los periodistas que iluminan con su
trabajo los pasajes oscuros de un gran país.

Índice

Agradecimientos

¡Gracias!

No hay reportero sin suerte, y *El despido* es resultado de que un día Felipe Restrepo decidiera que Carmen Aristegui sería la portada de *Gatopardo* en marzo de 2015, y tuviera el gesto de pedirme entrevistar a la conductora más escuchada en México. Muchas gracias por su tiempo a Kirén Miret, Daniel Lizárraga, Rafael Cabrera, Irving Huerta, Sebastián Barragán, Salvador Camarena, Beatriz Pereyra, Adriana Buentello, Ivo Gaytán, Daniel Ruiz, Laura Castellanos, Lorenzo Meyer, Raúl Trejo Delarbre, Henry Tricks, Josetxo Zaldúa, Mario Maldonado, Edgar Sigler, Ana García, Andrés Zarate y Rogelio Hernández Rodríguez, que me ayudaron a tener una mejor comprensión de Carmen Aristegui y la relación entre la prensa y el poder. A Gastón García Marinozzi, por meterme la idea loca de escribir esto, una ruta azarosa de cinco semanas, y a Diego Fonseca, hermano de historias que me ayudó a encontrar un orden a esta locura; a Eileen Truax, por su buen ojo; a Gabriel Sandoval, por el gusto de navegar juntos, y a Fernanda Gutiérrez, que me acompañó en el viaje de la edición. Desde luego, como siempre, a Maki Teramoto, compañera vital y solidaria, y a Namika y Nicolás, la música que nunca deja de sonar. A mi padre, que intentó enseñarme a escribir con el corazón.

1

El mensaje

Sentada cuatro horas frente a ella todos los días, Kirén Miret veía tanto el rostro de Carmen Aristegui al otro lado de la cabina que llegó a parecerle más familiar que el suyo. La productora de la *Primera Emisión* aprendió a interpretar su mirada, a comprender que algo sucedía si una ceja saltaba de su sitio y a comunicarse por medio de señas. A las 6:29 del miércoles 11 de marzo de 2015, Miret volvió al espacio de transmisiones tras ausentarse unos minutos. Alzó los ojos de la consola, y al mirar a la conductora —al leer el mapa de su cara—, entendió que algo estaba mal.

Aristegui había llegado a la cabina a las 6:15, cuando el jefe de información, Salvador Camarena, revisaba las redes sociales en la computadora. Una maquillista llegó como de costumbre, pasó una escobilla aquí y allá y la dejó lista para aparecer en la televisión. Se sentó detrás del micrófono y transcurrieron nueve minutos sin que nada fuera de lo normal ocurriera, hasta que algo inesperado la hizo girar la cabeza y volverla hacia arriba, donde unas bocinas replicaban un comunicado suscrito por Noticias MVS, la empresa que transmitía su programa:

A LA OPINIÓN PÚBLICA:

El día de ayer se presentó una alianza entre algunos medios de comunicación y organizaciones de la sociedad civil, para presentar una nueva plataforma digital de nombre MÉXI-COLEAKS. Al respecto, MVS Radio señala:

1. Noticias MVS no forma parte de la plataforma México-leaks.

2. El uso de nuestra marca, sin autorización expresa de sus propietarios, constituye no solo un agravio y una ofensa, sino un engaño a la sociedad, pues implica un muy lamentable abuso de confianza.

3. Las alianzas estratégicas de MVS Radio las decide la administración de la empresa, no sus conductores y colaboradores. MVS Radio nunca tuvo conocimiento de negociaciones, encuentros o posibles alianzas con iniciativas u organización alguna, por lo que lamentamos y condenamos el uso de nuestra marca.

4. Noticias MVS tomará las medidas pertinentes y necesarias a fin de que sus recursos humanos, tecnológicos, financieros y materiales no sean utilizados para fines distintos para los que fueron creados y sirvan a intereses particulares que nada tienen que ver con el periodismo que realiza la empresa.

Miret entró a la cabina cuando el mensaje aún no terminaba. Estaba distraída y al alzar la vista de la consola se percató de que Aristegui llamaba su atención.

–Escucha –leyó sus labios–.

En unos segundos, Miret y Camarena se encontraban en la misma posición que Aristegui, con el cuerpo ligeramente inclinado hacia un lado, sus cabezas apuntando hacia el plafón de la cabina, como si no comprendieran e hicieran un esfuerzo sobrehumano por entender lo que escuchaban.

Los ojos de Aristegui y Miret se encontraron. A la productora le pareció que el rostro de la periodista era un mar de desconcierto.

Eran las 6:30 y en su noticiero, el más escuchado del país, el grupo empresarial propietario del espacio que ocupaba durante cuatro horas todos los días, compartía al auditorio un mensaje que la acusaba de agravio, de ofensa, de engaño.

—Me quedé helada —recordaría Miret unos días después—. Me pareció una afrenta brutal e innecesaria. Carmen no entendía nada. Estaba desconcertada.

Antes de escucharlo en las bocinas de la cabina, Aristegui se había sorprendido esa mañana al ver el comunicado desplegado a página entera en siete periódicos. Había sido colocado en la página de la empresa a las 22:00 horas del día anterior y el equipo web de Noticias MVS recibió la orden de desatar un bombardeo en redes sociales, cada media hora. La periodista no había sido notificada sobre la publicación, primero en la página web, después en los diarios y más tarde en los cortes comerciales de su programa.

Aquella mañana de miércoles su rostro tenía buen color —un tono encendido quizá realzado por el maquillaje— pero sus ojos, más pequeños que de costumbre, delataban que había pasado una mala noche. Debió despertar alrededor de las 4:30 luego de pensar mucho en lo que podría significar el comunicado y lo que diría al llegar a la cabina. Eligió un saco azul, un pantalón oscuro y una blusa blanca, su vestimenta rigurosa.

Al aire, tras escucharlo por primera vez, dijo que no tenía conocimiento de que MVS haría público el mensaje, vinculado a su incorporación a Méxicoleaks, un espacio digital que quiere ser la versión mexicana de Wikileaks: recibir documentos anónimos para investigar vergüenzas públicas.

–Amanecimos con este mensaje de MVS y estamos un poco sorprendidos por la manera en que se da a conocer. Veremos de qué se trata, de dónde viene, cuál es el trasfondo. Nuestra audiencia se preguntará de qué se trata. Nosotros también nos lo preguntamos.

Después de ese anuncio y de los que pasaron más tarde, la dinámica del programa no se alteró en ningún sentido. A Miret y Camarena no les pareció que Aristegui estuviera fuera de sus casillas. Sí estaba más seria de lo común, aunque a lo largo del programa, como de costumbre, hizo un par de bromas.

El lunes 9 de marzo Aristegui había anunciado al aire que la *Primera Emisión* se uniría a Méxicoleaks y un día después entrevistó en la cabina a Daniel Lizárraga, un experimentado periodista, jefe de la unidad de investigaciones que ambos habían creado un año atrás. Él hizo una amplia explicación de la plataforma, y en compañía de Irving Huerta, un joven reportero parte del equipo, partió a la Estela de Luz en Paseo de la Reforma, donde posaron para las cámaras en el lanzamiento de la iniciativa.

Entre el primer anuncio de la alianza Méxicoleaks el lunes en la *Primera Emisión* y las 11 de la noche del martes, cuando se publicó en la página web el primer comunicado, transcurrieron treinta y seis horas sin que los Vargas llamaran a Aristegui o le hicieran saber a través de un mensaje personal que no estaban de acuerdo con que hubiera suscrito la iniciativa. En ese lapso, de manera silenciosa, en la más absoluta discreción, ocurrieron decisiones tomadas en privado y se puso en marcha una estrategia que en las siguientes horas enfrentaría a la empresa y a la conductora quien, casi a diario, como si se tratara de un ritual, destapaba escándalos de la política mexicana.

En el momento en el que todo esto sucedía, un desgaste acumulado pesaba sobre la relación entre Aristegui y los capitanes de la empresa, Joaquín, Alejandro y Ernesto Vargas. Los dueños y la periodista no se hablaban desde la publicación de la historia de la «casa blanca», donde vivían el presidente de la República y su familia, el domingo 9 de noviembre de 2014; una impecable pieza de periodismo de investigación elaborada por el equipo de investigaciones sobre la mansión de 7 millones de dólares propiedad de Ingeniería Inmobiliaria del Centro, filial de Grupo Higa, cuyo propietario, Juan Armando Hinojosa, era un contratista cercano a Enrique Peña Nieto, que en los últimos años había ganado concursos por 30 mil millones de pesos en obras del gobierno del Estado de México cuando Peña era gobernador, y más tarde otros anunciados por el gobierno federal, cuando éste llegó a la presidencia.

Con ese mar de fondo, el escándalo de la amonestación pública de MVS a Aristegui tenía la mesa servida. ¿Había sido el reproche una decisión de los Vargas? ¿Estaba motivado solo por la voluntad de proteger la marca corporativa? ¿Qué otras circunstancias envolvían a la familia Vargas y a sus empresas en el momento en el que estalló el pleito con la conductora principal de sus noticieros?

Unos meses atrás, Joaquín Vargas, presidente del Consejo de Administración de MVS Comunicaciones, descrito por algunos de sus colegas como un hombre sencillo, prudente y caballeroso, inexpresivo y de pocas palabras, comenzó a mostrarse irritado por el futuro de la compañía.

En enero de 2015 el Instituto Federal de Telecomunicaciones, un órgano autónomo constitucional, impuso una multa por 43 millones de pesos a Dish México, una proveedora de televisión de paga, empresa filial de MVS dirigida por su hermano Ernesto. Era un castigo a una alianza secreta no reportada con Carlos Slim, uno de los hombres más ricos del mundo y a la vez un empresario con una relación distante al régimen priista que encabezaba Peña. Una investigación concluyó que Telmex, una de las compañías de Slim, obtuvo el control de Dish México por medio de varios acuerdos que, en opinión de las autoridades, representaban una ilegal concentración de negocios.

Pero no era esa la única razón del mal humor de Joaquín Vargas.

La empresa debía hacer frente a otra sanción por cerca de 10 millones de pesos para pagar derechos de retransmisión de la señal de televisión abierta, nada menos que a dos compañías que, más que rivales, eran archienemigas de los Vargas: Televisa y TV Azteca, con las cuales ha sostenido pleitos constantes en una competencia feroz en el mundo de las telecomunicaciones.

A principios de marzo, dos semanas antes del despido de Aristegui, Joaquín Vargas había pedido a sus colaboradores que no lo distrajeran con asuntos menores. Las tensiones lo asediaban y necesitaba poner toda su atención en los asuntos de primera importancia, entre los cuales destacaba de manera notable que la multa en castigo a su alianza con

Slim no parara ahí: su empresa podía ser sancionada en un caso extremo con el retiro del título de concesión.

¿Qué había en el fondo de la acusación de abuso de confianza? ¿Por qué una empresa con dinámicas internas relajadas en contraste con otras se convertía de pronto en una policía implacable? ¿Se temía que con Méxicoleaks Aristegui lanzara una nueva bomba que volviera a incomodar al presidente? ¿Qué había sucedido entre la renovación del contrato de Aristegui unos días después de las revelaciones de la casa de Peña y la exhibición pública de la periodista ocurrida en marzo? ¿Los hermanos Vargas habían llegado al límite en la disyuntiva de hacer negocios o periodismo independiente?

Si Aristegui ganaba un millón de pesos –como había filtrado un columnista cercano al gobierno de Peña–, ¿a cuánto ascendían los ingresos de la empresa con la publicidad que generaba el programa de la periodista? En el escenario complejo que enfrentaban las compañías de los Vargas, ¿era lógico sacrificar esa pequeña mina de oro? ¿O la conductora había llegado tan lejos dentro del consorcio que ya no había manera de marcar una línea entre ella y el grupo empresarial? Todos los caminos parecían confluir en otros negocios que involucraban muchos más intereses y dinero.

Además de la situación delicada en el entorno de la familia Vargas, alrededor del despido de la periodista habían crecido sospechas relacionadas con hechos circunstanciales que tal vez no tenían nada que ver, pero que eran demasiado llamativos como para no desatar suspicacias.

Eduardo Sánchez, un hombre contemporáneo del presidente, coordinador de Comunicación Social de la Presidencia había sido, apenas un mes antes de la salida de Aristegui, director jurídico de Grupo MVS alrededor de 7 años, hasta que los Vargas lo vieron partir en muy buenos términos a la campaña de Enrique Peña a la presidencia, donde ocupó un cargo ligado a los medios. Después, con Peña en la presidencia, fue vocero de Seguridad Nacional antes de llegar a la oficina de prensa de Los Pinos. Sánchez, un funcionario sofisticado de 52 años, tenía una amistad antigua y cercana con dos hermanos cuya presencia era imposible de pasar inadvertida las horas y los días posteriores al despido de la periodista: Felipe Chao, que se desempeñaba en ese momento como vicepresidente de Relaciones Institucionales de MVS, y Andrés Chao, subsecretario de Normatividad de Medios de la Secretaría de Gobernación del gobierno peñista.

El reportaje de la casa blanca se había dado a conocer el domingo 9 de noviembre por medio de un bloque informativo sugerido por Aristegui; un frente inédito en la historia del país formado por *Aristegui Noticias*, el sitio propiedad de la periodista, los diarios *Reforma* y *La Jornada*, la revista *Proceso* y un grupo importante de medios internacionales.

Un día de finales de enero de 2015 Aristegui me contó que la conclusión del reportaje de la casa del presidente la había colocado ante un dilema capital: ¿cómo publicar la historia sin perder su espacio en la radio?

—Los periodistas resolvimos un dilema que nos permitió mantener nuestro espacio y que la información no fuera censurada —dijo Aristegui entrecerrando los ojos, como cuando hace preguntas en su programa—. Resolvimos un problema y lo hicimos bien, porque la información se difundió, no la guardamos, y al final la repercusión está a la vista.

La investigación de la mansión de las Lomas no había sido revelada en la *Primera Emisión* porque así lo habían acordado ella, Joaquín y Alejandro Vargas, pero al día siguiente a su propagación en bloque, el lunes 10 de noviembre, la historia abarcó las casi cuatro horas del noticiero en las que Aristegui aparecía detrás del micrófono para lanzar preguntas y pedir a sus invitados que hablaran sobre el tema del día: la casa donde residía la familia del presidente.

El miércoles 11 de marzo, cuando se sentó detrás del micrófono para responder por primera vez al comunicado de Grupo MVS, Aristegui no se disculpó. Estaba convencida de que no debía hacerlo por varias razones, entre las más poderosas: las condiciones de su contrato, las especificaciones de un Acuerdo General de Política Editorial y el código de conducta ética: un conjunto de reglas específicas suscritas con la empresa, una idea que había comenzado a madurar veinte años antes con el periodista Javier Solórzano, y que, de acuerdo con ella, le concedían independencia editorial.

El documento firmado el 9 de enero de 2009 por Aristegui y Alejandro Vargas, presidente de MVS Radio, establecía, entre otros, los siguientes puntos, que en algunos casos eran ambiguos al precisar las atribuciones de la empresa y la periodista:

> Los responsables de cada una de las emisiones serán responsables finales del contenido y dinámica de sus espacios y desarrollarán su tarea en pleno ejercicio de la libertad de expresión; el contenido y la política editorial de las distintas emisiones de Noticias MVS es responsabilidad de conductores y empresa, representada ésta por el vicepresidente de Relaciones Institucionales de MVS Comunicaciones; con el propósito de contar con un espacio para el intercambio de ideas y toma de decisiones se instaurará un comité editorial, un espacio colegiado que permitirá hacer evaluaciones sobre

la información en general y poner a consideración entrevistas y temas que se consideren pertinentes, buscando en todo momento la armonía y equilibrio entre el interés periodístico y los intereses de MVS Radio como empresa de comunicación; en el programa se difundirá información veraz, lo más completa posible, con un enfoque crítico y propositivo que privilegie y promueva la convivencia armónica entre los individuos y que ayude al radioescucha a entender la realidad y a formar su propio criterio; el contenido del programa será de información general, en la que se represente la pluralidad de ideas y el orden legal establecido; los titulares de las emisiones y MVS Noticias están obligados a mantener su independencia política y económica para evitar compromisos, derechos, imposiciones y/o presiones que obstruyan o deformen el trabajo periodístico; la credibilidad es el principal valor del programa en el que intervienen la periodista y Noticias MVS; el trabajo profesional deberá privilegiar la consulta de más de una fuente y la aproximación y vinculación con los protagonistas; el programa y las personas que intervienen en su elaboración rechazan la difusión de rumores como noticias y procuran siempre revelar las fuentes de origen de cada información; los hechos que se presenten en el programa deberán presentarse sin distorsiones; la información se ofrecerá con un criterio abierto, libre y sin prejuicios; no omitir hechos de importancia o significación primordial en torno a una noticia. El contrapunto favorece el equilibrio y el análisis; reporteros, redactores y comentaristas deben recabar todos los puntos de vista de los actores involucrados en un hecho noticioso y dar cuenta al público de a quién se buscó y no fue posible localizar.

El día de la transmisión de los mensajes al aire no estaban con Aristegui los miembros de su unidad de investigaciones:

Daniel Lizárraga, capitán del equipo, una presencia imprescindible en la *Primera Emisión*; Rafael Cabrera, de 31 años, un reportero que había empezado a olfatear el rastro de la casa de Peña en mayo de 2013; Irving Huerta, de 27, y Sebastián Barragán, de 28, quienes habían trabajado de manera febril el día a día de la investigación haciendo llamadas, obteniendo documentos, hablando con informantes y revisando nuevas pistas.

A las 7:24 de ese miércoles, Miret, una chica de ojos vivaces y cabello negrísimo a cargo de la producción de Aristegui desde hace catorce años, avisó a su jefa cuando estaba por entrar al aire el mensaje de MVS por segunda vez, para que ya no la tomara por sorpresa, para que estuviera preparada, para que tuviera tiempo de pensar lo que iba a decir. En esa y las restantes cinco ocasiones, en los cortes comerciales cada media hora, Aristegui repitió el mismo discurso hasta unos minutos antes de las 10:00, cuando intercambió unas palabras con la productora.

—Chatita, ¿con qué cerramos el programa de hoy?

En tantos años de conocerse y trabajar juntas, la música que la productora elegía como trasfondo del noticiero se había transformado en un lugar común en el que ambas conectaban de manera especial. Con frecuencia Aristegui no encontraba las palabras para describir lo que deseaba escuchar para musicalizar un tema o instante, y le decía:

—A ver chatita, ¿qué música ponemos para esto?

—Quiero algo que tenga campanitas. Algo que tenga luz.

Y con frecuencia, después de escuchar lo que Miret seleccionaba, la miraba y le decía:

—Diste en el clavo.

Ese miércoles Miret le preguntó qué le parecía si para despedir el programa tocaba «La maza», de Mercedes Sosa, una canción –pensaba la productora– echada para adelante, de lucha pero no de confrontación violenta. Una posición que es planteada con firmeza.

–¡Qué buena elección! –dijo Aristegui.

Unos minutos después, el auditorio escuchó la voz de la Negra:

> *Qué cosa fuera la maza sin cantera*
> *Si no creyera en quien me escucha*
> *Si no creyera en lo que duele*
> *Si no creyera en lo que queda*
> *Si no creyera en lo que lucha*
> *Qué cosa fuera la maza sin cantera…*

Cuando el programa terminó, Aristegui llamó a sus colaboradores. Se reunieron en la oficina y salieron con rumbo al sitio *Aristegui Noticias*, a unas calles de la estación, en la colonia Anzures; un departamento habilitado como redacción, con una mesa larga y unas pocas computadoras donde trabajaban un administrador de información, un diseñador y tres redactores.

A una distancia prudente de MVS, Aristegui y su equipo, veinte hombres y mujeres que son periodistas, productores y editores, revisaron lo que estaba pasando. Coincidieron en que todo parecía una provocación. En ese momento la periodista ya no parecía sorprendida sino concentrada en definir lo que haría en las horas siguientes. La difusión del comunicado le había sorprendido, aunque en realidad lo que parecía estar en el fondo no le resultaba sorprendente.

En el transcurso de los últimos cuatro meses, desde la publicación de la investigación sobre la casa del presidente, Aristegui había alertado a sus colaboradores que una situación así podía presentarse. Desde que el reportaje desfiló en periódicos, televisoras y radiodifusoras de todo el mundo, quizá su larga historia de rupturas vinculadas a la defensa de su línea editorial comenzó a decirle que en cualquier momento podía ocurrir algo que precipitara su partida de MVS.

Aristegui pidió mantener la calma y estar unidos y alerta hasta que volvieran a verse el jueves 12 de marzo en la *Primera Emisión*. Acordaron no parar y seguir trabajando como siempre. En medio de la tormenta formada por la profusa difusión del mensaje, que no pararía en todo el día, Lizárraga y su equipo continuaron una investigación en marcha para asegurar su publicación inmediata: el origen de una casa del secretario de Hacienda, Luis Videgaray, en Malinalco, un asunto que se remitía a los tiempos de campaña de Peña, en el que la unidad había trabajado los últimos meses.

Al final de la reunión hubo abrazos y palabras cálidas. Pero la mayoría se hacía la misma pregunta:

¿A la mañana siguiente se les permitiría entrar para hacer su trabajo de todos los días? ¿Aristegui podría llegar como de costumbre a la cabina y tomar el micrófono?

No eran preguntas al aire, sin sentido.

Ese miércoles 11 de marzo, mientras se transmitía la *Primera Emisión*, varios de ellos advirtieron una presencia que los inquietó.

Carlos Reyes, que suplía a la conductora y estaba al frente del noticiero de los sábados, había llegado desde las 5:00 acompañado de un equipo de producción y había permanecido en una sala cercana a la cabina hasta que el noticiero terminó.

El suplente había sido llamado por los directivos de MVS. Recibió la orden de estar ahí, al parecer, por si acaso Aristegui decidía renunciar al aire y era necesario que tomara el micrófono de emergencia.

2

La historia detrás

C uatro meses antes de su salida de MVS, Aristegui había revelado el más importante y documentado golpe periodístico de su carrera.

El sitio donde se gestó el reportaje sobre la casa blanca de Peña era un hueco poco alumbrado, un hacinamiento de cuatro computadoras, dos mesas, cientos de documentos y dos ventanas en cinco metros cuadrados. Tenía la pinta de una redacción de diario municipal, pero la invasión de unas frenéticas anotaciones a lo largo de los muros y de las ventanas delataba que ahí se cocinaba algo importante.

En mayo de 2014 esa precaria redacción no existía. El equipo de investigaciones especiales se reducía a Lizárraga, Huerta y Barragán, que llegaban a pelear un espacio en el cuarto de redactores matutinos en espera de una computadora y en los días de trabajo intenso debían llevar sus *laptops*. Eso hacían hasta que Aristegui convenció a los dueños de construir un lugar para sus colaboradores.

En julio terminaron las obras y los periodistas se mudaron a la redacción. Pidieron espacios sobre los muros para escribir, una televisión y un sillón. Un día Joaquín Vargas se apareció por ahí para conocer el nuevo espacio. Llegó muy serio, apenas saludó y se fue. Unas semanas después les instalaron la tele y dos pizarras. El sillón nunca llegó y el cable se demoró hasta septiembre.

Pronto los reporteros comenzaron a repletar las dos pizarras colocadas atrás del espacio que ocupaba Barragán y frente al televisor, con los nombres de las empresas de Hinojosa y unos recuadros con líneas de tiempo en los que sobresalían la fecha en la que Peña y Rivera se habían hecho novios, el 13 de noviembre de 2008, y un día después la constitución de la constructora Inmobiliaria del Centro, propietaria de la casa.

Era tanta la cantidad de información que debían transcribir y revisar juntos, contemplándola como un cuadro de Botticelli, que los reporteros de la unidad de investigaciones comenzaron a escribir en las ventanas, sobre una película de plástico transparente.

La madeja era gorda y había que desenredarla. Las pizarras servían como receptores de los mapas mentales que comenzaron a formarse en la cabeza de los periodistas desde mayo de 2014, cuando comenzó la investigación, con decenas de nombres, fechas, empresas filiales, documentos que contenían la respuesta a solicitudes de información y una colección de circunstancias que se cruzaban en algún punto por distintas razones ajenas a la casualidad. Era una estrategia que Lizárraga había aprendido en un taller con el argentino Daniel Santoro, uno de los periodistas de investigación más avezados del mundo, para no perderse en un laberinto infinito de información sin sentido.

—Es una locura pensar que vivimos en este mundo, —me dijo Irving Huerta un domingo de noviembre de 2014, ocho días después de que *The New York Times, The Guardian* y *Le*

Mond replicaran en sus páginas la historia de la casa blanca, uno de los mayores escándalos que involucraba a un presidente, en las últimas décadas.

Ese día Huerta asistía a la grabación de un reportaje de un colaborador y Cabrera terminaba un texto; más tarde se dirigía a la cabina para convertirlo en una pieza de radio. Ambos estaban ahí picando piedra una tarde de domingo, lo que daba una idea clara de que detrás de la investigación de la casa blanca no había recetas secretas ni periodistas estrella, sino un método ordenado de rastreo, confirmación, escritura, reescritura y edición; un trabajo disciplinado, puntual y persistente de varios meses.

***

El origen de esta historia se remonta a mayo de 2013, un sábado cuando Rafael Cabrera salió de casa para hacer las compras en la Comercial Mexicana de San Jerónimo. Ya tenía el carrito medio lleno y en la fila de pago, desde un estante, le sonrió la esposa del presidente, Angélica Rivera.

En la portada de la revista *¡Hola!*, la señora Rivera, que antes de llegar a la vida del presidente había sido estrella de telenovelas en Televisa, posaba mirando a la cámara. Su imagen estaba acompañada por una revelación íntima que involucraba a Peña:

«Soy una mujer muy amada por un hombre que me hace sentir protegida y querida como no lo había sentido».

Rivera aparecía vestida con elegancia. La sonrisa contenida, las cejas delineadas con perfección, un juego de arracadas juguetonas sobre los hombros desnudos, llevaba una estilizada blusa de manga larga color champaña y una falda negra de encaje transparente.

«Angélica Rivera, la primera dama en la intimidad», proclamaba *¡Hola!*, sin exagerar. En la parte inferior se desplegaba una fotografía de la esposa de Peña con sus seis hijos, tres de ella y tres de él.

¡Hola! llamaba la atención de los lectores con un mensaje premonitorio:

«Nos recibe en su residencia familiar, en un excepcional e histórico reportaje».

Flaco y con la cabeza afeitada, nacido en julio de 1983 y egresado de la carrera de Comunicación y Periodismo de la UNAM, Cabrera tomó la revista y al ver las fotografías de la residencia, pensó: «Aquí puede haber algo». La compró y se fue a casa donde lo esperaban sus tres gatos.

–Tengo una especie de morbo especial por los asuntos que ligan la política y el espectáculo– sonrió Cabrera un mediodía de finales de marzo de 2014. Bebía un café y por fin había conocido algo que tarde o temprano llega a la vida de todos los periodistas: el desempleo.

Tras la universidad entró al diario *Reforma*, donde le sucedió lo que a cientos de periodistas jóvenes con un potencial enorme: durante siete años hizo la guardia nocturna, reportó sucesos de policía y saltó a la sección de Ciudad donde tuvo a su cargo la UNAM, delegaciones, Congreso local y temas de aborto, fumadores y matrimonio igualitario, todo representado por cientos de notitas declarativas cuyo destino es el desierto yermo de la edición diaria. Era un reportero que apuntaba a todo y exploraba poco o casi nada.

Cabrera estaba harto de no crecer cuando recibió una invitación y, unos días después, ya estaba en la redacción de la revista *Emeequis*, una publicación conocida por el olfato del director Ignacio Rodríguez Reyna para encontrar historias reveladoras y la enorme cantidad de premios internacionales que ha ganado, más que ninguna otra revista o diario mexicano.

La primera gran investigación de Cabrera, un chico serio que de pronto tiene destellos de humor negro, tuvo un punto de partida azaroso parecido a cuando vio a la esposa del presidente posando en su residencia y pensó que detrás podía haber algo. Una tarde comentaba con una amiga que la colecta anual del Teletón había comenzado.

—¡Ay no, las pinches lágrimas de Lucerito! —exclamó Cabrera con su voz de tenor.

Unos días después, al ver en el televisor que la campaña estaba en marcha, Cabrera, que siempre está inquieto, recordó los rumores acerca de que el Teletón es una manera de evadir impuestos y se preguntó si también sería fondeado con recursos públicos.

En el otoño de 2012 hizo solicitudes a los estados donde hay Teletón y descubrió que uno de cada tres pesos recabados por la organización ligada a Televisa provenía del presupuesto de Puebla, Chiapas, Sonora, Michoacán y el Estado de México —terruño del presidente Peña—. Unas leyes aprobadas por los congresos locales obligaban a los gobiernos locales a entregarles cada año entre 24 y 73 millones de pesos.

La revista circuló unos días antes del Teletón de ese año y Cabrera recibió llamadas de periodistas que le avisaban que en otros estados también se habían aprobado regulaciones similares para legalizar un pase de charola que terminaba en las finanzas de la organización.

Solicitar datos vía Transparencia, un ejercicio de acceso a la información poco conocido y utilizado en México –los periodistas de investigación que lo explotan podrían caber en la pequeña redacción de MVS donde transcurrió la investigación de la casa blanca–, le permitió a Cabrera descubrir un monopolio privado creado con recursos públicos.

En febrero de 2013 Cabrera ganó por esa investigación el Premio de Periodismo Investigativo y Acceso a la Información que cada año entrega la organización México Infórmate, con respaldo de Artículo 19, Colectivo por la Transparencia y la Región Centro de la Conferencia Mexicana para el Acceso a la Información.

Daniel Lizárraga fue uno de los jurados de ese premio. Se habían conocido unos meses antes, en un taller que el experimentado periodista de investigación impartió en la Ciudad de México.

Cabrera renunció a *Emeequis* en agosto de 2013. Habían pasado tres meses desde que se topó con la revista *¡Hola!* sin que progresara la idea de una investigación sobre la residencia de la familia presidencial.

En su nuevo empleo, el sitio *Animal Político,* el periodista volvió sobre ese camino y, en enero de 2014, compitió para asistir con ese proyecto a un taller especializado en investigación con Daniel Santoro, auspiciado por Connectas y Periodistas de a Pie, pero fue rechazado. Al final se abrió un espacio y lo aceptaron.

–Rafael parecía intrigado y obsesionado en seguir el rastro de la casa de Peña, desde entonces, –recuerda el periodista Edgar Sigler, quien asistió al mismo taller–. Relató que había guardias presidenciales en la casa de las Lomas, pero no tenía una confirmación oficial y estaba en el intento de avanzar para tener más información y conectar una cosa y la otra.

Santoro le dijo a Cabrera que quizá la casa no había sido declarada y le sugirió extender su búsqueda a otros linderos. Puso acento en que era preciso comprobar que el Estado Mayor Presidencial vigilaba esa propiedad. «No te rindas», le dijo el maestro, y Cabrera tomó nota.

**

Dos años antes del inicio de la investigación de la casa blanca, el trabajo de Aristegui en la *Primera Emisión* de MVS tenía más o menos la misma tesitura de años previos. La conductora no contaba con una redacción propia y menos con una Unidad de Investigaciones Especiales. El esquema de trabajo partía de un modelo híbrido, en donde ella tenía facultades para presentar a la redacción de MVS —una estructura de veinte reporteros bajo el mando de Sheila Amador— cualquier petición de cobertura y ángulo para dar seguimiento a la agenda de los temas que presentaba el programa.

Había transcurrido más de un año desde que perdió unos días su puesto de conductora en MVS por preguntar si Calderón tenía problemas con el alcohol, y Aristegui se mantenía en el papel de periodista incisiva y crítica, habituada a destapar escándalos y tomar el riesgo de señalar y preguntar, a veces con más ímpetu que con elementos, lo que otros periodistas no cuestionaban. Nada cambió en su trabajo de manera visible ni importante, hasta abril de 2012.

A partir de entonces, en un tiempo relativamente breve, Aristegui ya no era solo una entrevistadora filosa y atrevida, se encontró presentando en forma periódica reportajes de periodismo de investigación. La clave de esa transformación profunda en su trabajo tenía un nombre: Daniel Lizárraga, un periodista reservado y de talante sereno.

Más de siete años fuimos vecinos de escritorio en el periódico *Reforma*. Lo veía llegar muy serio, saludar con esa sonrisa tímida que se asoma en medio de sus anteojos gruesos y sentarse a la computadora para comenzar un texto. Escribía dos líneas y las borraba. Escribía el primer párrafo y lo borraba. Escribía la mitad de su nota y la borraba. Así podía pasar el tiempo hasta que caía la noche y Roberto Zamarripa, subdirector del diario, nuestro jefe, bajaba a su lugar para apresurarlo.

Esa aparente inseguridad y su asistencia a talleres con periodistas de investigación detonó en Lizárraga quizá la mayor de sus virtudes: el rigor. Leer diez veces un documento. Desconfiar de sí mismo. Verificar, verificar y verificar, un ejercicio casi inexistente en el periodismo latinoamericano.

En *La Revista* de *El Universal*, donde trabajó bajo la dirección de Ignacio Rodríguez Reyna, Lizárraga destapó un asunto que fue parte central del libro *La corrupción azul*, que publicó en 2009: un fondo de 25 millones de pesos transferido por el presidente Ernesto Zedillo a Vicente Fox, presidente electo, para financiar actividades en el periodo de cuatro meses de transición entre la elección y su toma de posesión.

Fox, que había desterrado al PRI tras 70 años de gobiernos corruptos, con un voto cimentado en la esperanza de cambiar al país, nunca dio a conocer en qué gastó el dinero transferido a una cuenta suya del banco Inbursa, protegida por el secreto bancario por tratarse de un fondo privado.

El reportaje fue censurado por el diario *El Universal* y se convirtió en la razón principal de que el grupo de periodistas encabezados por Rodríguez Reyna se marchara del periódico para fundar la revista *Emeequis*.

En *Proceso*, último de sus empleos antes de trabajar para Aristegui, el veterano Lizárraga llevó a cabo una investigación parecida a la de la casa de la familia de Peña. Estaba comisionado como reportero en la fuente de presidencia cuando reveló que Felipe Calderón, miembro distinguido de la corriente doctrinaria del PAN que proclamaba que el ejercicio de la política debe sostenerse en principios éticos y morales, había comprado la propiedad vecina a su residencia, más un terreno aledaño, y construido un edificio de cuatro pisos que no reportó en la versión pública de su declaración patrimonial.

El Instituto Federal de Acceso a la Información estaba a punto de votar una petición de Lizárraga y la revista *Proceso* para que el presidente declarara los bienes que no había hecho públicos, cuando Calderón dio a conocer todas sus propiedades, incluidas las de su esposa Margarita Zavala.

La lista era tan pormenorizada que incluía todos los aretes de la señora Zavala y los bolígrafos del presidente. Lizárraga se sumergió en una exhaustiva revisión y no encontró nada nuevo, pero unos días después, molesto con la investigación de sus bienes, el presidente presumió que en una casita de descanso empleaba energía eólica, cosa que habían olvidado reportar los periodistas que husmeaban en sus propiedades. Lizárraga volvió a la declaración patrimonial, halló una línea de crédito misteriosa y viajó a Ayapango, Estado de México, donde encontró la casita de descanso de Calderón: una propiedad de 300 metros de construcción en un terreno de cuatro hectáreas.

Al llegar a MVS Lizárraga comenzó a hacer su trabajo con discreción. Cuando surgía el nombre de una persona o una propiedad que parecían conectados a una situación sospechosa, de inmediato hacía solicitudes de información y comenzaba a seguir rastros en oficinas y por medio de los canales institucionales de acceso a la información. El periodista sabía que su principal tarea consistía en asegurarse de que todas las historias que se presentaran en el programa estuvieran respaldadas con pruebas y elementos verificables.

Esta circunstancia produjo un cambio notorio en la estructura del noticiero: desde las primeras semanas Lizárraga aparecía en la cabina al lado de Aristegui, leyendo documentos e investigaciones completas, a partir de los cuales la conductora hacía preguntas y elevaba cuestionamientos sobre las pruebas presentadas. Con el periodista como nueva dupla de trabajo, el programa adquirió mayor rigor y contenido.

Durante varios meses Aristegui y Lizárraga sostuvieron largas conversaciones en las que él describía las virtudes del periodismo de investigación. En aquel tiempo se desempeñaba como jefe de información y para reforzar la parte de reportería de asuntos críticos en la *Primera Emisión*, tomó algunas decisiones.

En el turno de la tarde trabajaba Irving Huerta, egresado de la escuela Carlos Septién, un muchacho ecuánime de piel muy blanca y una complexión de oso pequeño que había llegado en septiembre de 2011 para hacer el servicio social en el equipo de Aristegui. Escribía textos, cápsulas y el resumen de las siete de la mañana.

Después de cinco meses de practicante, cuando estaba en negociaciones con el diario *24 Horas* para ocupar una plaza de reportero, Aristegui le aconsejó que diera las gracias al equipo encabezado por Raymundo Riva Palacio y que entrara a trabajar de tiempo completo en su programa.

En la redacción, Lizárraga vio que Huerta tenía un gran potencial como para ser desperdiciado en donde estaba, así que lo hizo desentenderse de su trabajo de redactor vespertino y comenzó a emplearlo como asistente para revisar expedientes judiciales y rastrear información.

Siguiendo las pistas de los cables de Wikileaks, cuando ya casi todo mundo se había olvidado de ellos, Lizárraga y Huerta emprendieron un extensa investigación que reveló que las empresas estadounidenses Verint y Narus vendieron sus servicios al gobierno mexicano, en las administraciones Fox y Calderón, para combatir el narcotráfico y la delincuencia organizada, pero de manera paralela colaboraron con el gobierno de Estados Unidos en tareas de espionaje para vigilar a la clase política mexicana y cuidar sus negocios en el país. Fue un reportaje con el que participaron en el Premio de la Fundación Gabriel García Márquez para el Nuevo Periodismo Iberoamericano.

Después, tras una búsqueda de meses en el Sistema de Transparencia de Estados Unidos, los periodistas obtuvieron las versiones estenográficas completas de cuatro testigos protegidos que en una corte relataron que el cártel de Los Zetas habría pagado 12 millones de dólares para obtener protección política en Veracruz, durante el gobierno de Fidel Herrera Beltrán, un viejo político priista, con el propósito de traficar drogas, lavar dinero, extorsionar y secuestrar con libertad.

Uno de esos indicios se encontró en el expediente contra Francisco *Pancho* Colorado, sentenciado a veinte años de prisión en Estados Unidos, por conspirar para blanquear capitales.

—El 26 de septiembre de 2012 —contaron los periodistas— durante una audiencia celebrada en la Corte de Distrito Oeste en Austin, Texas, el agente del FBI encargado del caso Colorado, Scott Lawson, dijo: «En 2003 o 2004, Francisco Colorado se estableció como un intermediario entre Los Zetas y el gobierno de Veracruz. Ese dinero se pagó al gobierno de Veracruz a través de Cessa, para darles libertad en el trasiego de drogas y, al mismo tiempo, como una manera de ayudar a Fidel Herrera a financiar su campaña como gobernador. Con base en los interrogatorios de informantes, creo que el gobernador de Veracruz recompensó la intermediación de Cessa con los contratos otorgados por Pemex».

El hombre del FBI respondió que tenía gente dispuesta a testificar sobre la relación de Los Zetas con el ex gobernador; se trataba del contador del Cártel del Golfo —al que originalmente pertenecían Los Zetas— de nombre José Carlos Hinojosa.

Siete meses después, el 18 de abril de 2013, alrededor de las 13:30 horas, en la misma Corte Federal de Austin, José Carlos Hinojosa, contador del Cártel del Golfo, dijo haber entregado 12 millones de dólares para la campaña a gobernador.

En junio de 2013 Noticias MVS reveló que la empresa de *Pancho* Colorado, ADT Petroservicios, obtuvo veintidós contratos con la Secretaría de Desarrollo Agropecuario, Rural y Pesca del gobierno de Veracruz, por 20 millones 554 mil pesos, alrededor de 1.7 millones de dólares, durante el sexenio de Fidel Herrera.

De esos contratos, veintiuno se entregaron en sólo tres meses, entre febrero y mayo de 2006, bajo la modalidad de «invitación a tres personas».

Al mismo tiempo, ADT Petroservicios ganaba licitaciones en Pemex. Un total de 30 contratos le redituaron más de 2000 millones de pesos entre 2003 y 2011, unos 170 millones de dólares, de acuerdo con una base de datos elaborada por la *Primera Emisión*.

Uno de los competidores de ADT Petroservicios aseguró a Noticias MVS, bajo la condición de anonimato, que funcionarios de Pemex pudieron haber beneficiado a esa empresa vinculada a Los Zetas, por órdenes del gobernador de Veracruz.

Mientras Lizárraga y Huerta se entendían y hacían cada vez más trabajos en conjunto, Cabrera se metía de lleno a la investigación de la casa de las Lomas en su puesto de reportero en *Animal Político*.

***

La búsqueda que Cabrera había emprendido antes de llegar al equipo de Aristegui, financiando parte de la investigación con su dinero, lo llevó a indagar en oficinas de la Ciudad de México y Toluca. El 24 de octubre de 2013 hizo una petición al Registro Público de la Propiedad que le fue respondida dos semanas después. Lo que decía la información implicaba una certeza que, lejos de desanimarlo, le intrigó aún más: la casa en posesión de la familia del presidente no estaba a nombre de Peña o de su esposa.

¿Qué era Inmobiliaria del Centro, la compañía que aparecía como propietaria? El expediente histórico revelaba que el domicilio de la empresa estaba en José Vicente Villada

114, en Toluca, que acreditaba como representante legal a Arturo Reyes Gómez y que la casa había sido propiedad de la familia Farré, que la había vendido a una persona que no era Peña ni su esposa. ¿A quién pertenecía la empresa dueña de la residencia?

Unos días después de obtener la información de la oficina de la Ciudad de México, Cabrera comenzó a navegar en internet. En Google escribió: «Inmobiliaria del Centro», sin obtener resultados. Entonces probó suerte con «Arturo Reyes Gómez» y al monitor saltaron unos contratos del gobierno de Veracruz en el periodo de Fidel Herrera Beltrán, que daban cuenta de servicios prestados por la empresa Eolo Plus y la firma de Reyes como representante legal.

Cuando leyó los contratos de servicios de la empresa Eolo Plus, Cabrera recordó el nombre de inmediato: lo había visto en un reportaje de *Reforma* que había informado sobre la contratación de las aeronaves que Peña había utilizado para viajar a Miami. En ese momento le quedó claro que Inmobiliaria del Centro, la compañía propietaria de la casa habitada por la familia del presidente, y la empresa que había rentado los aviones tenían el mismo representante legal y ambas, con seguridad, eran propiedad del empresario Hinojosa y de la compañía Higa.

Cabrera permaneció mudo observando la pantalla de la computadora unos segundos, hasta que exclamó:

—¡Madres!

Por esos días llegó en un microbús a la casa de Sierra Gorda 150. No había ningún movimiento fuera, así que regresó al DF un poco impaciente. Unas semanas atrás, una amiga suya, editora del Grupo Expansión, le había contado que sus papás, que viven cerca de ahí, habían visto guardias que parecían soldados vestidos de civil vigilando la propiedad.

Unos días después, el 21 de noviembre, presentó tres solicitudes al Instituto Federal Electoral para conocer si las empresas Publicidad y Artículos Creativos Pacsa y Eolo Plus habían sido proveedores del PRI y el Partido Verde desde 2005 hasta finales de 2013 y solicitó copias de todos los contratos.

A inicios de enero de 2014 recibió la respuesta del IFE; solicitó versiones digitales y le hicieron llegar un CD con 999 páginas con todas las facturas, bitácoras de vuelo y contratos que le permitirían conocer que el PRI había pagado 26 millones de pesos por los vuelos contratados con la empresa de Hinojosa.

Luego pidió información a la delegación Miguel Hidalgo. Quería abarcar todo lo posible, incluyendo los permisos de construcción de la obra. En febrero de 2014 se fue a Toluca en un camión y llegó a la oficina de registros donde solicitó todos los datos de Inmobiliaria del Centro.

***

En la primavera de 2014, Lizárraga dio otro paso para consolidar los contenidos y la investigación de temas delicados en el programa. Pidió a Huerta que le ayudara a sumar al equipo a otra persona con habilidades para hacer rastreo rápido en páginas con datos en economía, manejar y construir bases de datos y analizar números en sitios atestados de cifras ininteligibles de presupuestos.

Sebastián Barragán se incorporó al equipo en abril de 2014, después de que Lizárraga entrevistara a dos reporteras que por distintas razones decidieron no participar en el proyecto. Barragán y Huerta se habían conocido un tiempo atrás, en una maestría del Centro de Investigación y Docencia Económicas.

Un mes después, Lizárraga invitó a incorporarse al equipo a Rafael Cabrera, que aún trabajaba para *Animal Político*. Conversaron sobre la casa de las Lomas, los avances que había logrado y los pasos adicionales que debían dar para obtener más información. Unos días más tarde, en el viejo edificio de MVS, ambos presentaron a Aristegui el proyecto.

–Carmen escuchó con gran atención todo lo que ya había confirmado –recuerda Cabrera–, peló los ojos y dijo: «esto es una bomba atómica».

Casi al mismo tiempo, la conductora tomó una decisión fundamental, alentada por Lizárraga: crear la unidad de investigaciones de la *Primera Emisión*, a cargo del periodista que empezaba y borraba decenas veces sus notas y desconfiaba de todo. Sería la primera en su tipo que fundaba una estación de radio en América Latina.

***

Para avanzar en la investigación, cada uno recibió un rol preciso autorizado por el jefe de la unidad.

Lizárraga dirigía a Cabrera en la tarea crucial, aunque burocrática y aburrida, de presentar solicitudes de información a la presidencia y al DIF ligadas a Angélica Rivera, así como en el seguimiento al desahogo de peticiones por los conductos establecidos por la Ley de Transparencia, un conjunto de reglas por medio de las cuales el ex presidente Vicente Fox había institucionalizado, sin tener idea de lo que hacía –pensaba Huerta–, unas facultades extraordinarias para acceder a información restringida.

Barragán había recibido la encomienda de estar atento a la Ley de Transparencia y monitorear las solicitudes de información que sus compañeros hacían desde diferentes cuentas de acceso.

Huerta tenía a su cargo revisar todo lo relacionado con Compranet, un sistema con acceso a las compras hechas por el gobierno federal, así como lo relativo a licitaciones. Hacía bases de datos a partir de la información acumulada a través de las solicitudes de la Ley de Transparencia, verificaba los datos que recibían, hacía llamadas telefónicas, entrevistas y grababa los reportajes que iban escribiendo sobre el asunto y también les daba voz.

Lizárraga también tenía bajo su responsabilidad una parte sensible de la investigación que estaba relacionada al aprendizaje de sus veinticinco años de periodista y los numerosos talleres de periodismo de investigación a los que había asistido: ordenar la información acumulada en los mapas mentales que cada uno de ellos iba formando en su cabeza y trasladarla a los muros y las ventanas de la oficina para darle orden y sentido.

—A ver —decía Lizárraga a sus cachorros— tenemos esta casa a nombre de Higa y *La Gaviota* —un personaje interpretado por la esposa del presidente en una telenovela— está posando aquí mismo. ¿Cómo ligamos una cosa con la otra? Para reunir todas las piezas y armar el rompecabezas, los cuatro periodistas se relevaban para hacer llamadas, entrevistas, solicitar más documentos, escribir, editar y reescribir. A finales de junio ya existía un primer borrador sobre el cual trabajaban cada semana. Todos se hicieron expertos en las empresas y filiales del empresario Hinojosa, una telaraña que habían desenredado en las pizarras y las ventanas, pero aún no tenían claro el asunto de las casas.

Eran dos propiedades, Palmas 1325 y Sierra Gorda 150, pero no sabían si estaban conectadas. Cabrera había conseguido tres números después de revisar durante semanas la guía telefónica. Había hablado una vez sin tener mucha suerte, así que una tarde le pidió a Huerta que llamara. La idea era saber si la casa de Palmas, de donde había salido el presidente la mañana en la que tomó posesión, estaba unida a la propiedad que estaba a nombre de Inmobiliaria del Centro, de Grupo Higa.

Huerta llamó y atendió el teléfono una mujer que dijo llamarse Ana. Él dijo que sabía que estaba llamando a Sierra Gorda 150 y ella le respondió que no era así.

—¿A qué domicilio hablo?

—Palmas 1325.

—¿Y están conectados estos dos domicilios?

—Pues sí, haga de cuenta que está una casa y atrás está la otra.

—¿Y si hay algún pasillo para poder pasar al otro predio?

—Sí.

Por esos días Cabrera llamó a Luis Torres Tello, jefe de prensa del DIF, para averiguar si Angélica Rivera podía hacer una declaración sobre la casa de las Lomas, en el entendido de que ella había hablado sobre esa propiedad en el reportaje de la revista *¡Hola!*. Dos semanas después intercambiaron mensajes por WhatsApp y Torres le dijo que la presidencia atendería la solicitud. Ese mismo día el periodista llamó a la oficina de Roberto Calleja, director nacional de prensa del presidente. Una secretaria tomó el mensaje y le dictó un *email* para que enviara la petición.

Más tarde, Sheila Amador se comunicó con Lizárraga para decirle que Felipe Chao, vicepresidente de Relaciones Institucionales de la empresa, le había llamado para preguntar si alguien de nombre Rafael Cabrera trabajaba para el equipo de Aristegui.

Horas más tarde, Aristegui llegó a la oficina de Joaquín Vargas, convocada a una reunión urgente. El empresario sabía que la historia en la que trabajaban era sobre la casa de las Lomas; no hizo preguntas detalladas sobre la investigación, pero sí fue insistente al hacer una petición precisa.

–Carmen –dijo el dueño de MVS– te pido por favor que seas comprensiva. Esto nos pone en una situación muy delicada.

Unas semanas más tarde, Lizárraga solicitó las declaraciones patrimoniales de Peña y Rivera para saber si la propiedad estaba declarada y a mediados de septiembre Cabrera recibió una notificación a una petición de información que había presentado dos meses atrás: el Estado Mayor confirmaba que resguardaba la casa de las Lomas, porque era parte de su responsabilidad cuidar el sitio donde vivían el presidente y su familia.

En MVS, Joaquín Vargas había comenzado a mostrarse impaciente y nervioso. El grupo había perdido posiciones importantes en los últimos años, y ahora no cedían las presiones de sus archirrivales Televisa y TV Azteca, que habían denunciado que América Móvil poseía, por medio de Telmex, el control de Dish, la empresa a cargo de su hermano Ernesto.

En octubre, tras la desaparición de los cuarenta y tres normalistas de Ayotzinapa, la tensión en las oficinas ejecutivas se trasladó a la redacción de Noticias MVS. Adriana

Buentello era una chica joven y voluntariosa encargada de estrategia, métricas y resultados en medios digitales de la empresa, que cumplía una encomienda complicada: colocar contenidos de cada uno de los tres noticieros en redes sociales. Con Aristegui no había problema y subía un número importante de notas al día, pero si se trataba de los espacios de Luis Cárdenas, al mediodía, y Ezra Shabot, por la tarde, debía ser muy cuidadosa con lo que seleccionaba, porque si subía cualquier cosa que pareciera un respaldo al gobierno peñista, enseguida se desataba una tormenta de críticas de la audiencia.

Cuando Ayotzinapa se había convertido en un clamor nacional, Buentello recibió una instrucción de su jefe Héctor Gutiérrez, que provenía de José Antonio Vega, director de noticias de la estación: quedaba estrictamente prohibido publicar textos y fotografías de las manifestaciones en las que miles de personas exigían que los normalistas aparecieran vivos, en las páginas de Noticias MVS, en Twitter y en Facebook.

—La orden —recordaría Buentello— era cuidar la imagen del presidente. Por eso el grupo no publicó la famosa fotografía de la piñata de Peña ardiendo en el Zócalo de la Ciudad de México. La experta en redes sociales sería despedida en marzo de 2015, tras escribir un tuit de solidaridad con Aristegui.

Un jueves de octubre, la unidad de investigaciones hizo otro hallazgo importante. Lizárraga, Huerta y Cabrera salieron a comer, y Barragán se quedó en la oficina a entregar un reportaje de pederastia. Cuando terminó, entró a la página web del diario *Reforma* y leyó un texto que reportaba la apertura de propuestas para licitación del magno proyecto del tren rápido México–Querétaro. Cuando llegó al tercer párrafo, se levantó de la silla, tomó el teléfono y envío a Lizárraga un mensaje de WhastsApp contándole que Teya, una compañía de Hinojosa, cuyo nombre estaba escrito en una de las ventanas, era la tercera empresa del consorcio que aparecía como único participante. Su jefe le agradeció la información y después lo regañó.

–Estamos muy alambreados, Sebas. Ten más cuidado.

Lizárraga, Huerta y Cabrera terminaron de comer y a toda prisa volvieron a la oficina. ¿Qué hacemos? –se preguntaron– ¿Lo publicamos? ¿Lo dejamos pasar? investigaron la propuesta y descubrieron que la empresa Teya no había aparecido por ahí, hasta ese día.

Lizárraga decidió publicar un texto breve y sólido: el único participante en la licitación –escribió– está conformado por China Railway, GIA+A, Constructora Teya, Prodemex y GHP Infraestructura. La primera, hizo notar, pertenecía a un hombre llamado Hipólito Gerard, hermano de Ana Paula, esposa del ex presidente Carlos Salinas de Gortari.

Después siguieron muy cerca la licitación del proyecto y escribieron otro reportaje que daba cuenta de las denuncias presentadas por varias empresas que se habían quejado de que no se hubiera abierto un espacio de tiempo suficiente para que pudieran participar.

El fallo se dio a conocer en una lectura pública en la Secretaría de Comunicaciones y Transportes. Huerta se presentó y tuiteó en tiempo real:

#TrenMéxicoQuerétaro gana consorcio chino-mexicano, conformado por Teya (vinculada a @EPN) y GIA+A (del cuñado de CSG).

Para entonces Aristegui y los miembros de la unidad de investigaciones habían reescrito la historia una y otra vez hasta que existieron tal vez veinticinco versiones diferentes, cada una con nuevos datos y más información. Trabajaban en Google Docs, en un texto que había escrito Cabrera y al que todos tenían acceso. El reportaje se había grabado también varias veces: la conductora lo escuchaba y ordenaba modificaciones.

En la última versión, Aristegui propuso cambiar el orden y para darle una estructura narrativa escribió un comienzo que partía del momento en el que los lectores de la revista *¡Hola!* habían visto las fotografías de la esposa del presidente, en mayo de 2013. Lizárraga había bautizado la propiedad como «la casa blanca».

Noviembre llegó en un clima enrarecido y de tensión en Noticias MVS. Hubo otras llamadas desde la presidencia del grupo y en esas semanas Aristegui se había vuelto a reunir con Joaquín Vargas para hablar sobre el enigmático reportaje que preparaba. El empresario le dijo que pensaba que no tenía caso que publicara una historia que ya había sido presentada antes por la revista *¡Hola!* y *ADN Político*, que no era nada nuevo.

En la última reunión de esa negociación que se había prolongado casi dos meses, Aristegui presentó a Vargas una propuesta que había discutido con Lizárraga y que el resto del equipo había secundado en la idea de publicar la historia, haciendo todo lo posible por mantener a salvo el espacio radiofónico de la conductora: destapar el reportaje de la casa blanca en el sitio de *Aristegui Noticias* el domingo 9 de noviembre, lo que permitiría poner al margen a la *Primera Emisión*, que no se transmitía ese día.

Entre los periodistas de la unidad se formó en esos meses una camaradería que mutó en una sólida amistad. Era mucho lo compartido y lo que habían cambiado sus vidas en ese tramo. Lizárraga tuvo una operación complicada a la mitad del proceso y a Cabrera le habían afectado el endemoniado ritmo de trabajo y la ausencia de su novio, que había partido a Europa a estudiar. El flaco reportero ganó peso, volvió a fumar y el insomnio y los nervios por la investigación de la casa lo hundieron en una depresión que lo mantendría tomando Sertralina varios meses.

La segunda semana de ese mes la conductora conversó con Carmen Lira, directora de *La Jornada*, para relatarle el texto y proponerle que lo publicaran al mismo tiempo. Después compartió su plan con Rafael Rodríguez Castañeda, director de *Proceso*, y estuvo un buen rato intentando convencerlo en una banqueta de la calle Fresas, en la colonia Del Valle, a unos pasos de la entrada de la revista. El viernes 7 se reunió con Roberto Zamarripa, director de *Reforma*, Rodríguez Castañeda y Pedro Miguel, enviado por *La Jornada*, y después convocó a los corresponsales extranjeros.

Les entregó un dispositivo de memoria USB con la investigación y les propuso presentarla en bloque. En los medios del país jamás había sucedido algo semejante. La propuesta fue una réplica del modelo utilizado por medios internacionales como *The Guardian*, *BBC*, *Le Monde*, *Süddeutsche Zeitung* y *Asahi Shimbun* para construir una alianza temporal, protegerse y romper cercos informativos en la difusión del escándalo de corrupción del gobierno chino.

La madrugada del sábado 8 de noviembre, los integrantes de la unidad de investigaciones llegaron a *Proceso* cuando aún estaba fresca la edición que comenzaría a circular ese día. Estaban nerviosos cuando la secretaria de Rodríguez Castañeda les prestó una revista para que vieran el reportaje. Tenían sentimientos encontrados. Sabían que era un gran trabajo y también que podía costarles salir de la estación.

Posaron con la revista todos juntos y se tomaron una *selfie*.

El lunes siguiente Aristegui dedicó el programa a la investigación de la casa del presidente. Tuvo entera libertad para contar cómo se había llevado paso a paso y el posible conflicto de interés que esto representaba. Los Vargas no intervinieron para evitarlo, en ningún modo. No en la *Primera Emisión*.

Las cosas fueron distintas en los noticieros de Luis Cárdenas y Ezra Shabot: se les ordenó que no retomaran ni transmitieran en sus espacios la investigación. Ni una palabra. En el área de medios digitales, la instrucción de no publicar ciertas noticias fue escalando de manera vertiginosa y a la orden de no subir a la página web y a las redes sociales de la empresa las marchas de Ayotzinapa, se añadió todo lo que tuviera que ver con la casa de Las Lomas. Las páginas de Twitter y Facebook asociadas a MVS solo compartieron enlaces después de que Aristegui entrevistó al vocero Eduardo Sánchez, quien la acusó de violar el código de ética al no avisar a la Presidencia sobre la publicación de la historia. Ella dijo que Los Pinos estuvo al tanto desde el principio, a través de las solicitudes de información que se hicieron al DIF y al Estado Mayor Presidencial.

Aristegui era reservada al hablar de sus negociaciones con los Vargas, pero había comentado con Meyer, Dresser y

Aguayo que era claro que los noticieros de Cárdenas y Shabot trataban de ir en contra de lo que se decía por la mañana en la *Primera Emisión*. En ese clima, el historiador hizo una advertencia varias veces.

–Carmen, esto se puede venir abajo en cualquier momento –le dijo Meyer–. Lo que pasó con Calderón, puede repetirse.

3

Preguntas al poder

—¡Qué pena! Perdón por el retraso, fue culpa de la curiosidad. Mi vida suele ser así, –diría después Aristegui– una banda sin fin. ¿Para qué soy buena?

Se acercó a saludar con un beso y antes de bajar las escaleras para entrar a un gran salón y cambiarse tres veces de vestuario, tomó en la mano derecha el iPhone 5 negro y le echó un vistazo, uno de cientos en el día. «Puede perder una mano, pero no el celular», diría Lizárraga. En persona, la periodista más temida del país es más pequeña de lo que parece en las fotografías y en la televisión. Es también más afable y cálida que esa imagen que proyecta sentada dentro de una cabina, una inquisidora de voz ronca que nunca sonríe.

Había llegado con una hora de retraso a una sesión fotográfica en la galería Kurimanzutto de la colonia San Miguel Chapultepec. Parecía agitada, y como sucede cuando está en la cabina, aquella tarde de enero de 2015 soltó una ráfaga de frases para relatar que el motivo de su tardanza había sido una cita con Ricardo Pascoe y que estaban a punto de despedirse cuando él comenzó a contarle detalles inéditos de la conversación que habían sostenido más de diez años atrás Fidel Castro y Vicente Fox, aquella charla telefónica en la que el presidente de las botas le había dicho al cubano: «comes y te vas». La plática la hipnotizó y no pudo evitar quedarse a escuchar el cuento completo.

La charla con el ex embajador mexicano en Cuba le había impedido llegar a tiempo a la cita en la galería y la obligó a cancelar la entrevista que tendría con la revista *Gatopardo*. No era raro que el tiempo se le viniera encima en las entrevistas que conducía en CNN, en las presentaciones de libros a las que asistía y en las conversaciones que tenía con políticos, intelectuales, artistas y escritores. Aristegui siempre parecía esperar el final con ansiedad, ese momento preciso en el que sus entrevistados comenzaban a contarle infidencias y revelaciones. Cuando no se encontraba rodeada por esa gente que le compartía historias, Aristegui estaba pegada al iPhone negro que la mantenía informada de lo que ocurría en el país cada hora, cada minuto, cada segundo.

Los años que condujo la *Primera Emisión* de Noticias MVS, Aristegui despertaba al amanecer en su casa de San Jerónimo. Una alarma la llamaba hacia las 4:45 y desde ese instante su jornada era un viaje de dieciséis horas sin escalas que partía con el programa de radio, continuaba con reuniones con su equipo, se prolongaba con cafés y conversaciones que nutrían su trabajo y, por la noche, cuando la mayoría de la gente entraba en una fase de reposo para irse a la cama, ella regresaba a la banda sin fin que es su vida y volvía a despegar en el estudio de televisión de CNN, donde a diario entrevistaba a un personaje diferente.

La casa de donde partía antes de que saliera el sol es un espacio iluminado, con techos altos y ventanas anchas. A la entrada hay un recibidor amplio, un muro con libros, una mesa espaciosa y un reloj de buró con las entrañas expuestas. Es un sitio por lo regular silencioso que se llena de música, casi siempre trova, cuando ella está con su familia o recibe a un grupo reducido de colaboradores o amigos cercanos.

Todos los días después de salir de la cama, Aristegui revisaba en el teléfono los mensajes de su equipo de editores y reporteros para saber si había sucedido algo urgente en las últimas horas. Se arreglaba para salir y si tenía tiempo pasaba a la cocina donde se preparaba un licuado energizante de frutos y vegetales verdes. Luego se despedía de su hijo Emiliano y acompañada por don Félix, su chofer, un hombre maduro al que podía confiarle su alma, se trasladaba al edificio de MVS.

Solía llegar a la estación unos minutos después de las 6:00. Saludaba a quienes encontraba al pasar cerca de la redacción y entraba a su oficina donde había un televisor, una computadora y una mesa sobre la cual extendía los diarios que había recogido abajo y los revisaba una media hora.

Alrededor de las 6:40 subía a la cabina, donde ya la esperaban la productora Miret y el jefe de información Camarena. Una chica le retocaba el rostro y le pasaba un cepillo por el cabello negro y corto y la dejaba lista para cuando la cámara transmitiera su imagen por el canal 52 de MVS. No era raro que, concentrada en lo que haría las siguientes cuatro horas ante el micrófono, estuviera inquieta y no se dejara maquillar. Alrededor de diez minutos antes de las siete se sentaba en una silla giratoria al centro de una mesa, se colocaba unos audífonos gigantes a la mitad de la cabeza y entraba al aire. Comenzaba el programa más escuchado y controvertido de la radio de México.

Al terminar la *Primera Emisión*, Aristegui dirigía una reunión de trabajo en la que participaban Camarena y Sheila Amador, encargada de la redacción integrada por veinte reporteros de MVS Noticias que suministraba información a los tres noticieros diarios. Pese a pertenecer a estructuras diferentes, había una buena relación entre Aristegui y los demás. Ahí se discutía cómo había resultado el programa del día y se hacían propuestas de agenda para la mañana siguiente.

Cada lunes tenía lugar una reunión de comité editorial, una junta más amplia a la que, además de ella, su equipo y Amador, en ocasiones asistían los hermanos Joaquín y Alejandro Vargas y de manera habitual Andrés Chao, vicepresidente de Relaciones Institucionales de la cadena.

La vida de la conductora más escuchada del país transcurría inmersa en detalles poco conocidos. Hija de un vasco llegado de San Sebastián, Aristegui tiene una reputación de jefa dura y obsesiva. Eran comunes sus mensajes a editores y reporteros a las tres de la mañana, con peticiones precisas. Si algo le molestaba podía llegar a alzar la voz. Entre ella y sus colaboradores había una especie de relación amor-odio. La admiraban tanto como se quejaban de sus peticiones a-la-hora-que-fuera, de los turnos interminables, de los salarios no siempre suficientes. Cuando se encontraba detrás de los micrófonos, Aristegui no hacía concesiones. Ni con sus amigos.

***

Una parte esencial en el trabajo de un periodista consiste en preguntar. En Aristegui hacer preguntas es más que un trabajo plano y rutinario, un ejercicio persistente, incisivo y azaroso. Nado libre en un río de aguas rápidas en el que unos cambios súbitos y recurrentes de tonalidad advierten al auditorio el momento justo en el que la conductora se acerca para acorralar a su presa hasta que el entrevistado está en problemas, y también el instante preciso en el que ese torbellino abrazador la impulsa a preguntar cosas que pueden llevarla a escenarios complicados. Cuando está al micrófono sucede algo paradójico y singular: habla mucho y con gran rapidez y se extiende de manera notable en sus argumentos, repitiendo palabras, frases e ideas. Podría decirse que su discurso es el antidiscurso, porque no es sintético y a veces tampoco es ordenado, pero tiene la peculiaridad —quizá por acumulación— de volverse atrayente, sobre todo cuando hace preguntas y esas preguntas, contrario a sus largas exposiciones, son delgadas y certeras, sin preámbulos ni merodeos. Un cuchillo afilado cortando el aire de la mañana.

Un día de febrero de 2011, la periodista lanzó una de esas preguntas inesperadas que hace todo el tiempo. Esa mañana, en un programa como cualquier otro, recibió reportes de que en la Cámara de Diputados cuatro legisladores habían avanzado hasta llegar a la parte del recinto donde se levanta la mesa directiva para extender una manta que llevaba al centro una fotografía del presidente Felipe Calderón con las cejas en punta y los ojos dormilones, acompañada de una pregunta:

«¿Tú dejarías conducir a un borracho tu auto? ¿No, verdad? ¿Y por qué lo dejas conducir el país?».

—No es la primera vez que se habla del presunto alcoholismo del presidente Calderón, —dijo Aristegui al aire. Tuvo el cuidado de advertir que no era posible corroborar si el presidente tenía problemas de alcoholismo. Pero se trataba de un tema delicado –advirtió al auditorio que la escuchaba hipnotizado– y era necesario saber si era cierto.

En una conversación ocho semanas antes de su despido, le dije que esa pregunta sobre el alcoholismo de Calderón había sido un golpe periodístico arriesgado, porque no estaba precedida por una investigación cabal –todo lo contrario al reportaje que descubrió la casa blanca del presidente Peña– ni tenía cimientos sólidos. La periodista escuchó y sin alzar una ceja construyó una respuesta que explica su lógica detrás del micrófono al hacer su trabajo; es decir, su lógica en el oficio de preguntar.

> Esto que mencionas fue, desde luego, un abuso de poder, una acción absolutamente indebida de Calderón que generó una reacción muy importante en el auditorio, porque creó un estado de cosas que permitió lo imposible de imaginar: mi regreso a la radio después de haber salido como salí. Ese hecho insólito fue posible, entre otras cosas, por la valoración de MVS de cómo habían sucedido las cosas, de un hecho específico con una dimensión pequeña para mí, un comentario editorial sobre un hecho noticioso que se sobredimensionó y convirtió aquello en un gran conflicto entre la presidencia y un grupo empresarial. Se convirtió en un caso donde el poder político disgustado con la periodista exigió algo inadmisible que era que se arrodillara para satisfacer el enojo presidencial.

Aristegui había silenciado el iPhone del que solo algunos momentos se separaba. Hizo un paréntesis y movió la cabeza a los lados como si recordara aquel momento y continuó su reflexión sobre la tarea de preguntar.

Se me pedía una disculpa que no estaba dispuesta a dar porque no debía disculparme por algo que sigo considerando pertinente, que es preguntarle al poder lo que sea. Puede ser antipático, pero si un periodista no puede preguntar algo derivado de un suceso donde participaron legisladores, una situación que provocó que se suspendiera la actividad del Congreso, pues entonces estamos en serios problemas.

***

Hace muchos años que Aristegui comenzó a transformar el ejercicio de preguntar en algo obsesivo y casi tan habitual como comer y dormir, quizá desde su primer trabajo en unas cápsulas informativas en Imevisión y en un programa de Javier Solórzano –la dupla con la que más tiempo ha trabajado y mejor se ha entendido en su larga carrera de periodista– en el que ambos discutían asuntos económicos y financieros.

Eran los últimos años de la década de los ochenta y Aristegui era una chica muy diferente a la mujer madura del noticiero matutino de MVS. Entonces debía tener veinticuatro años y vestía unas blusas verdes, rosas y amarillas, faldas vaporosas también de colores y zapatillas. Llevaba el cabello largo y estilizado hasta los hombros y el fleco abundante y estático tan popular en aquella época. Tenía simpatía por los aretes grandes, que podían tocarle los hombros, y usaba collares largos y unos relojes plásticos de moda.

En uno de esos programas reflexionaba sobre lo que consideraba un imprescindible trabajo de análisis de los periodistas financieros para intentar explicar y traducir a las personas comunes y corrientes ese mundo complejo compuesto por estadísticas y números. Decía que los reporteros que trabajaban en esa subcultura estaban llamados a hacerse muchas preguntas si en verdad deseaban hacer algo más que escribir o pronunciar cosas muchas veces ininteligibles para el público.

Monitor Financiero fue uno de sus primeros empleos como periodista, un lugar al que llegó cuando aún estudiaba en la Facultad de Ciencias Políticas de la UNAM. Abandonó un semestre porque no eran compatibles sus horarios y un tiempo después regresó a terminar.

En ese programa comenzó a hacerse preguntas sobre la ética y la responsabilidad política y social en el trabajo de los periodistas.

Era el *boom* bursátil de 1986 y había una clara avidez de la sociedad por saber qué pasaba en la Bolsa Mexicana de Valores. Los periodistas daban ideas, recomendaciones y alentaban al público en un momento dorado de la actividad bursátil, y eso hacía que el programa se convirtiera en algo útil. Después sobrevino una debacle fenomenal en la gente que había sido alentada y que había visto con fascinación la idea de invertir sus ahorros y ganar dinero. Vino la tragedia de quienes habían vendido autos y casas para ser partícipes de la fiesta.

–Como estudiante –recuerda Aristegui– fue algo impactante ver un quiebre brutal sobre lo que se esperaba del trabajo de comunicación de un programa y los reclamos de una parte de la sociedad. Eso me dio un primer pulso sobre situaciones que pueden surgir en la gente.

Después ocurrieron otros asuntos que desataron en ella una serie de cuestionamientos. Aún vivía con sus padres y hermanos en la colonia Álamos de la Ciudad de México, cuando el terremoto de 1985 provocó daños severos en el barrio y la familia perdió a personas cercanas. Después tuvieron lugar las controvertidas elecciones de 1988 y las reformas electorales.

—Todos esos son sucesos impactantes que construyen una mirada y un perfil. Ahí entran en juego el criterio y la valoración de las cosas. Un periodista es aquel o aquella persona que está todo el tiempo observando cosas para saber qué será más importante para el que te ve, tratando de adivinar dónde está el pulso de la sociedad.

Con el paso de los años, Aristegui descubrió que ese perfil que se construía alrededor de ella tendía a llevarla a pensar y detenerse en asuntos políticos y sociales. Esa fue, quizá, la génesis de la idea tenaz de hacer de la pregunta un instrumento útil que le hiciera posible no solo acercarse al poder, casi siempre esquivo, sino obligarlo a dar respuestas en un país donde la política y los políticos, cualquiera que sea su signo e ideología, son impenetrables y no están habituados a responder sobre sus actos.

Desde entonces, a Aristegui y a Solórzano los movía la urgencia de hacer periodismo libre y crítico, aunque eran muy distintos: él más analítico y ella impulsiva. Carmen acelerador y Javier freno. Trabajaron juntos casi veinte años, a lo largo de los cuales construyeron una idea que se convirtió en un pacto: para hacer el periodismo que deseaban hacer, debían mantenerse lejos del poder.

Se conocieron a finales de los ochenta, cuando él dirigía en Imevisión el programa *Televidente* y la invitó a ser comentarista junto con el periodista Alberto Barranco. Un tiempo después, Solórzano la llamó para acompañarlo en el noticiero matutino. No tenían mucha libertad para hacer y decir cosas que se salieran del guión de un espacio informativo del Estado, pero hacían travesuras como mostrar al aire la portada de *La Jornada*, lo que ponía los pelos de punta a Los Pinos. Existía una relación de confrontación entre el gobierno y ese diario y eran conocidas las acaloradas discusiones que sostenían el director Carlos Payán y la subdirectora Carmen Lira con el presidente Carlos Salinas. En esa atmósfera la vida en el canal llegó a ser tan tensa que el hombre encargado de llevar los periódicos fue despedido, pero los conductores lograron entenderse con él y por abajo del agua les seguía pasando el diario para que lo alzaran como trofeo ante las cámaras.

Además de *La Jornada*, era clave que tuvieran en el escritorio el diario *Esto* si no querían que José Ramón Fernández estuviera de mal humor. Había un buen ambiente en el noticiero y ahí fue donde Aristegui comenzó a ser más versátil y a tener un mayor dominio ante el micrófono. Hasta de fútbol aprendió para tener contento al creador de *DeporTV*. Los tres estaban siempre haciendo bromas.

–Yo soy *chiva* –decía Solórzano con el pecho erguido.

–Yo soy *puma* –lo provocaba Aristegui.

–Ay, tú pura corrección política.

Aristegui y Solórzano no eran santos de la devoción del presidente Salinas ni de José Córdoba Montoya, el influyente jefe de la primera Oficina de la Presidencia. En esas circunstancias llegó el año 1993. Un domingo, Ricardo Salinas, el nuevo propietario, llegó a tomar posesión del canal. Javier Alatorre lo entrevistó y por lo que dijo y cómo lo dijo, los conductores intuyeron que estaba cerca el final de su noticiario. Salieron un mes después tras una larga discusión en la que el pretexto para despedirlos fue que el programa tenía una baja audiencia.

Ese primer despido los llevó a un debate que se prolongaría por espacio de veinte años: la necesidad de elaborar un código de ética que protegiera la independencia de su trabajo. La idea partió de Solórzano, en el sexenio de José López Portillo, cuando Luis Javier Solana, vocero del presidente, propuso reformas para defender el derecho a la información. El proyecto avanzó y fue presentado ante la Cámara de Diputados, donde el líder de la mayoría priista, Luis M. Farías, declaró que era un asunto tan complicado que había que encontrar la cuadratura al círculo y fue puesta a dormir como innumerables proyectos legales. Solórzano continuó trabajando en un código de ética en la UAM, donde estuvo a cargo de los módulos de carrera entre 1974 y 1983.

Llegaron juntos a MVS, un grupo empresarial fundado por don Joaquín Vargas, un hombre inquieto de ideas lúcidas que eran como travesuras, autor intelectual de personajes y programas de leyenda como *El Chavo del 8*, *La Calaca Tilica y Flaca*, y *Sábados de Espectáculo*, en Canal 8, que después se convertiría en propiedad de Televisa. Hombre de epifanías, Vargas detonó sin pretenderlo la cadena de restaurantes Wings, al establecer un puesto de venta de sándwiches en la carcasa de un avión viejo, cerca del aeropuerto de la ciudad de México. También abrió la primera estación de radio FM un día que viajaba por el norte del país en su auto equipado con un estéreo de frecuencia modulada y le impresionó la limpieza silenciosa de la transmisión de una estación.

En MVS, Pedro Ferriz conducía el noticiero de la mañana, Aristegui el de mediodía y Solórzano el de la tarde. A principios del año 1994 la dupla intentó hacer *En Blanco y*

Negro, pero presiones nada veladas de Los Pinos los frenaron. Una tarde Joaquín Vargas los llamó a su oficina y les dijo que lo sentía, que no era posible por el momento, que lo comprendieran.

Unas semanas después, al ocurrir el asesinato de Luis Donaldo Colosio, hicieron un programa especial desde las 21:30 hasta las 2:00, el único que transmitió en un espacio tan amplio todo lo que sucedía. Los siguientes meses olvidaron el tema del programa y tan pronto Salinas dejó la presidencia echaron a andar *En Blanco y Negro*, el primer experimento de revista política por televisión.

Habían decidido ser cautos en la idea de convencer a los Vargas de firmar un código de ética para proteger su libertad editorial. Solórzano lo conocía muy bien porque su papá había sido buen amigo de don Joaquín Vargas, que parecía muy contento con la frescura que el trabajo de los periodistas había aportado al grupo.

En 1997 la pareja de conductores debió sortear el asunto más complicado en la transmisión del programa. Solórzano convenció al asesino de José Francisco Ruiz Massieu de concederle una entrevista y entró a la cárcel con cámaras para encontrarse con él.

La noche del programa Aristegui y Solórzano decidieron no dar aviso a los Vargas hasta cinco minutos antes de comenzar. Ante las cámaras leyeron una carta que Daniel Aguilar Treviño les había enviado acusando a José Córdoba Montoya y Otto Granados de estar ligados al asesinato. Al día siguiente, *La Jornada* desplegó la entrevista en primera plana y una lluvia de llamadas cayó sobre la oficina de Joaquín Vargas. También la revista *Time* replicó el trabajo de la pareja de periodistas.

Un día después de transmitida la entrevista, de la oficina de Joaquín Vargas llamaron a Solórzano para decirle que el jefe necesitaba hablar con él.

—Va a haber box —dijo Solórzano al salir de la oficina.

El dueño del grupo lo recibió con amabilidad y en un tono cortés le dijo que Córdoba —que había salido de Los Pinos con Salinas tres años antes— le había llamado por teléfono.

—Te voy a decir lo que Córdoba me dijo —Vargas se puso serio—. Que te vayas muy lejos, ya sabes a dónde.

—Joaquín, a mí no me lo dijo, te lo dijo a ti. No me eches el balón.

Los dos rieron a carcajadas con la puntada de Solórzano. El ambiente se distendió. No pasó nada más y el episodio le dio a Vargas un poder relativo ante el acoso del poder político. Con el paso del tiempo, los periodistas impulsaron en MVS una de las primeras versiones de un código de ética para blindar su línea editorial.

Desde que llegaron a la empresa en 1993, eran los únicos que hacían radio en StereoRey, y televisión en Multivisión. La relación entre Ferriz y ellos era cordial y llevadera, nada más. Aristegui y Solórzano se hicieron grandes amigos porque entendían y compartían las cosas que estaban haciendo. Fue entonces cuando comenzaron a hablar con recurrencia del principio irrenunciable que debían aportar a su trabajo: mientras más lejos del poder, mejor.

Desde entonces eran dos periodistas muy diferentes a todos los conductores de noticieros de radio. Comenzaban a ser conocidos por sus entrevistas incisivas, el perfil crítico y la frescura que envolvían su trabajo. *En Blanco y Negro* fue el primero de varios proyectos televisivos similares que otras televisoras pondrían en marcha los años siguientes.

En ese tiempo apareció en el radar de los periodistas Ivo Gaytán, que había conducido *Cinemacity* en Radioactivo. Un día le llamó su amigo Jóse Álvarez, director de la estación, y le dijo que Aristegui y Solórzano necesitaban un productor para hacer un programa de televisión.

Aristegui llegó a la cita conduciendo un Audi. Sonriente y amable, le dijo que Solórzano le había hablado de su trabajo.

Unos días después ambos lo entrevistaron. Le dijeron que les gustaba su perfil para que se encargara de la producción del programa que conducirían juntos, pero que había un problema importante: nunca había hecho televisión.

—¿Por qué habríamos de contratarte? —preguntaron.

Gaytán los miró y sin inmutarse respondió:

—Por eso, porque no sé nada de televisión y al no saber nada me van a formar como ustedes quieran hacerlo.

Así nació *En Blanco y Negro* y las cosas se mantuvieron sin grandes variaciones en MVS hasta el año 2000, cuando sobrevino una ruptura a partir de que los Vargas rechazaron un proyecto de los periodistas para formar parte de la empresa.

Ese mismo año Aristegui, Solórzano y Ferriz se mudaron a Grupo Imagen, donde convencieron a los Fernández Prieto, una familia dedicada a la música y a los programas de entretenimiento, de aceptarlos como accionistas. Un tercer socio era el empresario Alfonso Romo.

A Grupo Imagen se incorporó también Jorge Navarijo, un periodista discreto y meticuloso que había regresado a México después de estudiar en España, donde se había ocupado de leer y analizar con vastedad temas de ética y libertades en los medios de comunicación.

El joven periodista se hizo cargo de dar forma a lo que años atrás, había empezado a interesar a Aristegui y Solórzano: escribir un código de ética que serviría de marco al trabajo de ambos en la empresa radiofónica.

Navarijo elaboró un cuerpo de compromisos de respeto a la libertad de expresión, tratamiento de la información y contenidos del programa, a partir de dos modelos: los códigos de ética de *The Washington Post* y el diario *El País*. Como socios en Grupo Imagen, los periodistas tenían interés personal en impulsar acciones que pusieran en sintonía a los radiodifusores con las condiciones necesarias para hacer periodismo independiente y crítico.

En manos de los Fernández, una familia que no tenía idea de qué era, cómo se construía y qué representaba un noticiero, el código de ética tenía la función de actuar como una vacuna dedicada a contener los ánimos intervencionistas de los propietarios de la empresa y respaldar el trabajo autónomo de los periodistas.

Ese código de ética en Grupo Imagen se convirtió en un estandarte que la dupla llevó después a todos los espacios donde trabajarían juntos y por separado: Televisa con *Círculo Rojo*, los noticieros de W Radio, y más tarde ella, al volver a MVS, con la *Primera Emisión*.

En 2001, en los años más luminosos de la transición política que significó la partida del PRI y el ascenso de Vicente Fox y el PAN, el primer partido de oposición que obtenía la presidencia, la atmósfera de transformación que se respiraba en el país llegó hasta las oficinas de la pareja de conductores.

De pronto, sin que lo esperaran, tenían ante ellos una posibilidad que ambos habían considerado impensable por los antecedentes de su periodismo independiente y crítico y por la historia de censura y manipulación que precedía a la empresa que tocaba a su puerta: Televisa los llamaba a fundar un programa de televisión, con todos los recursos que resultaran necesarios.

Los periodistas se reunieron varias veces con Emilio Azcárraga Jean y con Bernardo Gómez, vicepresidente ejecutivo de la empresa, para platicar sobre la posibilidad de hacer un programa distinto a todo lo que se había hecho antes. Aristegui y Solórzano estaban conscientes de que, en tiempos de cambios para el país, la televisora pretendía lavarse la cara abriéndoles la puerta, pero creían que valía la pena poner en marcha un proyecto periodístico cimentado en las condiciones de libertad y todas las posibilidades que les eran ofrecidas para trabajar.

Cuando el trato estaba por cerrarse, Aristegui y Solórzano llegaron a la oficina de Azcárraga, que estaba acompañado por Gómez y deslizaron sobre el escritorio una carpeta que contenía el código de ética que habían construido en el transcurso de los años, el conjunto de reglas que salvaguardaba su autonomía editorial y les concedía capacidad para que ellos y nadie más tomarán decisiones sobre los asuntos que investigarían y los invitados a los que llamarían, sin que en ello interviniera la empresa.

Azcárraga tomó el documento para revisarlo:

—No me hagan esto —dijo.

Aristegui y Solórzano insistieron.

—Te apuesto que esto de la libertad te va a gustar —le dijo Solórzano a Azcárraga—. La democracia y la pluralidad son rentables.

Azcárraga firmó el documento y cuando terminó la reunión y se abrazaban y sonreían, el dueño de Televisa les hizo una petición.

—Por favor, no le cuenten a nadie que firmamos esto.

Solórzano quería que se llamara *El Círculo Rojo*, y ella insistía en que debía ser más sintético y potente: *Círculo Rojo*. El nombre partió del término acuñado por José Gutiérrez Vivó para referirse al influyente círculo de periodistas, intelectuales y comentaristas que escriben y opinan sobre lo que sucede en el país.

—Desde el principio fue una gran experiencia —recuerda Gaytán—. Televisa, la compañía tan odiada y polémica, nos dio todo. Nos dio libertad y fue muy generosa al cubrir todas las necesidades. No había nada que quisiéramos producir e investigar, que no se moviera.

Como lo habían hecho en el programa *En Blanco y Negro* de Multivisión, los periodistas discutieron con Gaytán y con Daniel Ruiz, un antiguo colaborador de ambos, encargado de contenidos en *Círculo Rojo*, de qué manera podían hacer cosas que fueran divertidas, interesantes, profundas y también distintas a todo lo que se había hecho en televisión.

—Hicimos cosas provocadoras y audaces —recuerda Ruiz, que fuera del bigote y la barba entrecana no ha cambiado casi nada desde que acompañara a Aristegui y Solórzano a cubrir el levantamiento armado de Chiapas, hace veintiún años.

Un día llevaron al estudio a Gael García Bernal para que se sentara a debatir con un sacerdote sobre uno de sus trabajos más recientes, *El crimen del padre Amaro*, una película que relataba la vida oculta de un sacerdote y que había recibido críticas de algunos de los grupos y sectores mexicanos más conservadores.

En otra ocasión invitaron a un joven León Krauze, que presentó en *Círculo Rojo* su primer trabajo en televisión: la crónica de un partido de la selección mexicana de fútbol.

Cuando el programa había alcanzado ya cierta madurez y adquirido una identidad, Aristegui y Solórzano investigaron a fondo las denuncias de pederastia contra el padre Marcial Maciel, fundador de los Legionarios de Cristo, una poderosa congregación ligada a importantes empresarios mexicanos.

Los periodistas viajaron a Nueva York con su equipo de camarógrafos y productores y regresaron unos días después con videos en los que varias personas presentaban testimonios contra Maciel. Volaron de noche y no durmieron: en las últimas filas del avión discutieron durante horas si debían comunicar a Azcárraga lo que revelarían en el programa. Aristegui decía que debían difundirlo sin avisar y Solórzano pensaba que era indispensable poner al tanto al hijo del empresario que un día se declaró soldado del régimen priista.

Los miembros del equipo se unieron a la discusión y el avión aterrizó a las 8:00 sin que alcanzaran un acuerdo. Descendieron, caminaron por los pasillos para recoger el equipaje y en la Terminal 2, Solórzano convenció a Aristegui. En ese instante llamaron por teléfono a Gómez y le dijeron que debían verse para conversar sobre un asunto que harían público.

Ese mismo día presentaron el tema. Azcárraga no lo pensó. Gómez les dijo que no había ningún problema y esa misma tarde vieron llegar a Televisa a un grupo de abogados y contadores. Antes de que el asunto estallara en el Canal 2, los hombres más importantes de la televisora echaron a andar una estrategia anticipada de control de daños. Discutieron qué empresas y empresarios podrían ofenderse con el reportaje y cómo iban a sortear la tormenta.

La transmisión del programa causó un gran revuelo por las cosas terribles que revelaba acerca uno de los poderes menos transparentes y más protegidos del país. Fue un golpe periodístico con todo rigor y un golpe en la conciencia de una parte de la sociedad atrapada en un conservadurismo que le llevaba a preferir mentir y mantener ocultos abusos atroces, en lugar de reconocer y denunciar pasajes oscuros en la historia de la Iglesia.

–Alfonso Romo, socio capitalista en Grupo Imagen, se volvió loco; enardeció y maquinó las cosas para echarnos de la estación –recordaría Aristegui años después.

Círculo Rojo era una coproducción entre Televisa y Grupo Imagen y había comenzado en octubre de 2001 con un contrato de un año, después de que los dos periodistas declinaron una oferta de TV Azteca. Cuando salieron de Grupo Imagen, en medio del escándalo de la difusión de las historias sobre el padre Maciel, el acuerdo de coproducción firmado con Televisa también terminó.

En una de esas extrañas paradojas en las que el país es de pronto un mundo al revés, Televisa, sinónimo de censura y manipulación, había otorgado a los conductores de *Círculo Rojo* libertad y un universo de recursos de los que nunca habían dispuesto para hacer periodismo independiente. Un año después la aventura terminaba tras el rompimiento de Aristegui y Solórzano con los Fernández. No se fueron de inmediato: Bernardo Gómez les pidió permanecer hasta diciembre. La televisora los vio partir en una atmósfera de pesadumbre.

Dos años más tarde, Aristegui y Solórzano volvieron a trabajar en un proyecto ligado a Televisa en la conducción de noticieros en W Radio, un proyecto resultado de una alianza entre la poderosa televisora y el diario *El País*.

Gaytán fue invitado a la coordinación de producción y tuvo a su cargo el relanzamiento de la estación. Poco tiempo después, de manera circunstancial, ocurrió un enroque que por primera vez colocó a Aristegui en el horario más importante de las noticias, la emisión de la mañana, al salir Carlos Loret de Mola para hacerse cargo del noticiero matutino de Canal 2. Aristegui y el productor dedicaron varias semanas a planear el noticiero para decidir cuántas y cuáles secciones tendría, así como quiénes serían invitados como colaboradores.

–La mayor preocupación de Aristegui y Solórzano en sus noticieros era entonces la de siempre –recuerda Gaytán–, ir un paso adelante, determinar la agenda, encontrar temas más allá de la coyuntura, la entrevista puntual, la investigación rigurosa, el análisis profundo, todo con total libertad. El productor decidió que Kirén Miret se hiciera cargo por primera vez de la producción del programa de la conductora.

En el noticiero de la mañana se crearon secciones de sexualidad, tendencias y deportes que dos meses después desaparecieron. Aristegui se inclinaba por la noticia y la discusión profunda y prolongada de asuntos públicos. No hubiera podido tomar esas decisiones sin el respaldo que le otorgaba la independencia editorial que le aseguraban un contrato y el código de ética nacido en Grupo Imagen y aceptado por W Radio.

En esa nueva circunstancia, y con la mayoría de conductores de radio y televisión representando una posición cercana al gobierno, Aristegui continuó haciendo un periodismo crítico, muchas veces retomando asuntos que otros medios habían detonado —como las acusaciones contra el padre Maciel, presentadas por *La Jornada* años atrás— para volver a indagar un asunto en el olvido, o retomando otros que habían estallado y que la mayoría de medios no llevaba en la cobertura diaria, y también haciendo preguntas arriesgadas y lanzando acusaciones que le acarreaban una ola de críticas que apuntaban a una ausencia de rigor periodístico en su trabajo.

Un día tras otro la conductora se ocupaba de las denuncias contra sacerdotes de la Iglesia católica, destinando amplios espacios a ventilar denuncias de menores de edad víctimas de abusos de sacerdotes, en particular una que involucraba al cardenal Norberto Rivera, acusado en la Corte Superior de California de conspiración internacional por proteger al cura Nicolás Aguilar, acusado de abuso de menores. Si la periodista Lydia Cacho era detenida en Quintana Roo y trasladada a Puebla, Aristegui proclamaba al aire que era víctima de una persecución política y volvía una y otra vez sobre unas grabaciones que delataban la complicidad del empresario Kamel Nacif y el gobernador poblano Mario Marín y la profundidad de las redes de pederastia que alcanzaban a la política.

Si Televisa, la casa del programa que dirigía en W Radio, era la sombra detrás de una ley que, entre otras cosas permitía a la empresa de Azcárraga adquirir nuevas concesiones, la periodista dedicaba horas a discutir con académicos y especialistas las implicaciones políticas y sociales del asunto.

No era infrecuente que el torrente de su voz envolvente la llevara a hacer juicios que no parecían fuera de lógica, pero detrás de los cuales había más pasión que elementos. Un día, quizá en el momento más intenso de la presentación de testimonios sobre los abusos cometidos por curas mexicanos, acusó al Vaticano de haber estado enterado de todo y de encubrir a los sacerdotes pederastas.

En un país donde la inmensa mayoría de medios se alineaba al gobierno, donde no se hacía periodismo de investigación ni se ejercía la crítica a plenitud, y donde las instituciones no impartían justicia como debía ser, Aristegui se erigió en unos años en una fiscal pública que por medio de su programa despertaba al auditorio y juzgaba los asuntos más oscuros del país.

Veinte años después de sus primeras cavilaciones sobre los puntos de encuentro entre un periodista y la sociedad, Aristegui estaba en los micrófonos de W Radio y, no satisfecha con preguntar a políticos, empresarios y servidores públicos, invitó a estar en su programa a un trío notable que asistía a su cabina para sostener debates profundos, extensos e intensos sobre distintos temas, pero también para responder a las preguntas que todo el tiempo hacía la periodista que piensa que no debe detenerse al preguntar lo que sea.

La trinidad de Aristegui estaba formada por Lorenzo Meyer, historiador; Sergio Aguayo, escritor, académico y activista, y Denise Dresser, intelectual y autora de numerosas obras. Todos poseían experiencias y cualidades distintas. Meyer, un estudioso profundo de las relaciones México-Estados Unidos a través de la historia; Aguayo, un vigilante puntual de la corrupción y los derechos humanos, y Dresser, una aguda observadora del gobierno y las políticas públicas.

A todos los unía un espíritu común: la necesidad de cavar más allá de la superficie para arrojar luz y alzar una voz crítica sobre el poder intocable en México.

***

—Pase, conversemos aunque no hay mucho tiempo. Debo ir al taller porque el auto se averió, pero podemos platicar sobre Carmen y el país y también si quiere un poco de historia.

Lorenzo Meyer abre la verja metálica de su casa en un barrio alto de la colonia Magdalena Contreras. Viste con elegancia una camisa de manga larga color púrpura y pantalón, una chaqueta y zapatos en el mismo tono.

Con el índice señala el camino a una sala amplia con muebles de madera y ventanales iluminados detrás de los cuales crece un jardín repleto de plantas. Hay libreros grandes, medianos y pequeños en toda la casa, y libros de historia dispersos en las repisas.

—Yo conocí a Carmen en los noventa, cuando hacía un comentario semanal en un programa de este hombre, ¿cómo se llamaba? Ay Dios, esta memoria.

—¡Roma! —alza la cabeza y atisba hacia la cocina donde su esposa pica verduras sobre una tabla—. ¿Cuál es el nombre de este hombre que me despidió?

—Pedro Ferriz de Con.

—Ese mismo. Yo hacía comentarios en su programa hasta que por dos semanas consecutivas hice un par de análisis críticos del presidente Ernesto Zedillo. Nada brillante, nada en particular. Había muerto Heberto Castillo y me molestó que el presidente le hiciera un gran elogio, ya muerto. ¿Y qué cuando estaba vivo? Ahora ese elogio y antes el desdén a sus propuestas como líder de la oposición. Eran dos personalidades adversas que chocaban, así que comenté algo parecido a la letra de Chava Flores: «Cuando vivía el infeliz, ya que se muera, y ahora que está en el veliz, qué bueno era». No dije eso, pero era el sentido, y cuando volví a casa luego de una conferencia en el norte del país me encontré con varios mensajes urgentes de Ferriz, que jamás me buscaba. Cuando hablamos me dijo: «Quisiera que no te presentaras más al programa porque tus comentarios violan los lineamientos editoriales de MVS».

En esos días en los que Meyer vivía la censura, yo era un reportero aprendiz de 25 años y reportaba la presidencia para el diario *La Crónica*, donde conocí a Zedillo, un presidente gris con un humor espeso, proclive a hacer bromas pesadas —un día tiró con los dedos un mechón de cabello de una periodista y se burló de su color— de las que nadie se reía. Tenía una relación distante con la prensa. Su gobierno encarceló a Juan Francisco Ealy, propietario de *El Universal*, por una presunta evasión de impuestos, aunque la versión en el diario era que se trataba de una venganza del presidente por la forma despectiva en la que el empresario hablaba de él.

En una ocasión, tras el inicio trastabillante de su gobierno, ensombrecido por el error de diciembre, que significó una devaluación y para miles perder sus autos y casas compradas a crédito, Zedillo brindó una conferencia de prensa en las Barrancas del Cobre de Chihuahua, la primera de una nueva propuesta de diálogo entre el presidente y los medios, al iniciar cada mes.

David Romero, reportero del diario *Ovaciones*, preguntó al presidente qué mensaje podía enviar a quienes deseaban que en esos días de profunda crisis se desatara un golpe de Estado y a quienes, por el contrario, apoyaban su mandato. Zedillo hilvanó una respuesta que no provocó grandes titulares, pero sí desencadenó una decisión silenciosa en su oficina de prensa: la pregunta fue censurada de la versión estenográfica y el periodista despedido por los directivos del periódico. Días después, desde Los Pinos se anunció la cancelación de las conferencias de prensa.

Entonces, como sucedería dos sexenios después con el despido de Aristegui cuando preguntó si Calderón tenía problemas de alcoholismo –como ocurrió en marzo de 2015 con su partida de MVS–, se dijo que Los Pinos no había tenido nada que ver con la precipitada salida de Romero de *Ovaciones*, y que todo era un asunto particular entre un empleado y la empresa.

–Un día después de que Ferriz me despidió, me llamó Carmen y me invitó un cafecito –Meyer entrecierra los ojos como si hacerlo le aclarara la memoria–. Llegó acompañada por Javier Solórzano. Se veían muy apenados y me dijeron que querían que quedara claro que no tenían nada que ver con lo sucedido, ni estaban de acuerdo. Me contaron que sabían que la Presidencia había presionado para que me echaran. Me agradó que tuvieran ese gesto, esa solidaridad. Luego, con el paso del tiempo, Carmen tuvo la posibilidad de tener su noticiero en W Radio.

En los años ochenta, Meyer comenzó a enviar sus comentarios a estaciones de radio y periódicos. Creía necesario un ejercicio crítico del sistema político, que le parecía inaceptable. Tuvo una columna en Radio Educación y tras la salida de Scherer escribía cada semana para *Excélsior* en los tiempos de Regino Díaz Redondo. No le gustaba la idea, pero aceptó a condición de opinar lo que le viniera en gana. «Qué bien –le decía Roma– imagínate lo que nos ahorramos en psicólogos». Al principio el historiador tenía problemas de conciencia. La academia es una vida monástica en la que deben aceptarse las reglas y limitaciones de la orden, y si haces otra cosa que no sea escribir libros, los académicos no te toman en serio. Te tachan de publicista, te llaman vulgarizador. Se lo hicieron saber de manera indirecta, pero el historiador persistió en la importancia de contar en los medios lo que pensaba.

Cuando llegó a un acuerdo con W Radio, Aristegui lo llamó una noche: «¿Y si vinieras a una mesa política con Denise Dresser y José Antonio Crespo?».

Meyer había sido fundador de una mesa política con José Gutiérrez Vivó, que recuerda como un periodista muy difícil de tratar. Hubo ocasiones en las que él y sus colegas debieron esperar hora y media para entrar al aire y el pago no era regular. Pero el historiador apreciaba mucho la importancia del debate y el intercambio de ideas, que veía como un equilibrio posible ante los limitados espacios para cuestionar al poder.

—Así fue como en W Radio tuvimos una mesa, más larga que la de ahora en MVS. Nos dimos vuelo con la ley Televisa. La estación era propiedad de la televisora de Azcárraga y de Grupo Prisa, por partes iguales, y Carmen estaba más o menos confiada en que este último la respaldaba. Después hubo cambios en la estructura del grupo y más tardó en ocurrir eso, que W Radio en decirle a Carmen que se quedaba, pero el noticiero tendría otra línea editorial que no sería la suya. «Tú puedes leer las noticias que nosotros acordemos», le dijeron. Fue una manera de quitarla.

A la salida de Aristegui de W Radio sucedieron fuertes críticas que advertían censura. En casa de Miguel Ángel Granados Chapa hubo reuniones en donde un número importante de intelectuales y periodistas se unieron alrededor de la conductora y se pronunciaron por transformar la inconformidad por su despido en una propuesta independiente.

Aristegui pasó meses pensando en si debía fundar una página web y quizá una estación, mientras se reunía con concesionarios para negociar las condiciones de un posible regreso a la radio. A esas reuniones la periodista no asistía sola. Siempre que era posible se hacía acompañar por Meyer, Dresser y Crespo.

—Las negociaciones eran muy complicadas porque los concesionarios no son libres, ni desean serlo. El suyo es un negocio que da para que abran un buen noticiero, en ocasiones, y la mayoría de las veces, no es así —dice Meyer, y Roma, académica y autora de libros, se acerca a recordarle que debe recoger el auto averiado—. En una de esas reuniones el presidente de un grupo mediático nos dijo que había tres condiciones para que nos abrieran la puerta. La primera, que no habláramos mal de la casa, a lo que Carmen respondió que podíamos invitar a directivos de la empresa para debatir cuando fuera necesario. La segunda, que no habláramos mal de México. ¿A quién se le ocurriría hablar mal del país?, preguntamos. Nos parecía una idea absurda y planteamos que una cosa distinta era hablar de los problemas del país, cosa que íbamos a hacer. La conversación continuó, pero entró en una zona muerta cuando el dueño de la estación citó la tercera condición: «Bajo ninguna circunstancia podrán hablar mal del presidente de la República». En ese instante nos pusimos de pie y nos despedimos. La pobre de Carmen tuvo que seguir una larga travesía en el desierto, hasta que se sentó con la familia Vargas y regresó a MVS.

En la *Primera Emisión* continuó la mesa de discusión política, por decisión de Aristegui. Salió Crespo y llegó Sergio Aguayo. Casi siempre le decían a la conductora que ella pusiera el tema y ocasionalmente ellos proponían uno. El único límite era el tiempo, pero podían decir lo que quisieran.

–Yo no me jugué nada con Carmen –Meyer se prepara para salir–. Ella se jugó todo y si tiene otra oportunidad, volverá a hacerlo. No es lo mismo el mundo de los comentaristas y ese, que es su mundo. Los concesionarios son negociantes y al país no le conviene este modelo, pero hay que empezar por el principio. Al país no le conviene que el PRI tenga la presidencia, que el PRI exista, el partido símbolo del autoritarismo del siglo XX. En el ADN del PRI no está la democracia, está el autoritarismo y el abuso del poder. La corrupción nunca fue tan grande como ahora. Pese a que mi estima por el general Cárdenas es enorme, tuvo un papel central en la formación del PRI, cuando fundó el PRM y lo hizo un partido con bases masivas. Hizo cosas positivas, pero no era democrático. Las elecciones de 1940, cuando era presidente, no se pueden calificar de democráticas. Hizo un partido corporativo y le dio aliento; sus políticas animaron a ese partido cuando cambió de orientación y se volvió opuesto a lo que Cárdenas quería. A Cuauhtémoc Gutiérrez le descubren un prostíbulo en sus oficinas y el PRI maniobra para no expulsarlo. El país no debería de ser así. Tendría que haber libertad y entonces los medios podrían competir entre sí para ver quién produce el mejor noticiero. En esas circunstancias sería dispararse en el pie despedir a Carmen, porque la estación estaría compitiendo con otros concesionarios por tener el mejor conductor. Carmen es buena conductora y periodista, pero además destaca por un hecho que no es ella nada más, sino la mediocridad de los otros. Si esto fuera un sistema abierto y se aceptara la pluralidad y las televisoras fueran varias y con una competencia en los noticieros, Carmen quizá fuera la buena periodista que es, pero entre varios. Carmen es noticia en el mundo no porque sea la mejor conductora del mundo, sino porque ha tomado una decisión, un riesgo que conlleva un grado enorme de ética: ir contra el sistema que no es democrático. La corrupción le brota por todos lados y no se necesita ser un genio para investigar asuntos que deben ser puestos ante el público y que muestran las partes podridas del sistema. Todos los buenos medios deberían tener eso como objetivo. Investigar y cuestionar al poder. *Watergate* tiró a un presidente y le hizo un bien a la democracia norteamericana que tiene muchos defectos, pero es un sistema que funciona y es estable, entre otras cosas, porque entre los medios hay competencia y lo que no critica uno, lo destapa otro, y los intereses creados hacen necesario este periodismo. Carmen aquí llama la atención y es única porque en un mundo de eunucos se atreve a actuar como si fuera libre. Carmen sale de *Círculo Rojo* por las presiones de los patrocinadores, entre ellos los Servitje, que defendían al miserable de Maciel. Carmen puso el tema en la mesa, presentó las denuncias y ahora, después de tantos años, por fin el Papa le da absolutamente la razón a la periodista y muestra lo pequeños de alma que son estos empresarios. Carmen sale de W Radio porque enfrenta una mala ley de televisión; sale de MVS porque pregunta si el presidente tiene problemas con el alcohol, y sale otra vez de la empresa de los Vargas por algo transparente y público como suscribir una alianza para investigar y combatir la corrupción, aunque en realidad es un pretexto para despedirla. El sistema no está hecho para la libertad de los medios y esto quiere decir que no hemos logrado la transición que se anunció en 2000. Estamos en un sistema híbrido con un montón de cosas autoritarias y algunas democráticas, y no sabemos a dónde se dirige el país.

***

En 2005 Solórzano renunció al aire a la dirección de *El Independiente*, después de que se revelaran videos en los que aparecía el propietario del diario, Carlos Ahumada, entregando un portafolio repleto de dólares a René Bejarano, un episodio que lo distanció de Aristegui.

En medio del escándalo, la conductora lo invitó a la cabina y durante diez minutos lo acribilló con preguntas que no pudo responder. En ese instante Solórzano la descubrió en otro papel: no tenía concesiones ni con su viejo compañero. A finales de ese año la pareja anunció su separación por incompatibilidad de horarios, tras estar juntos desde 1989. El equipo se dividió. Gaytán renunció en solidaridad con el periodista y Aristegui permaneció en el espacio al que había llegado dos años antes.

Solórzano y Gaytán se mudaron a Radio Trece. Juntos planearon la nueva estructura e imagen de un programa y formaron un equipo. Después ambos llegaron a TV Azteca contratados para una de las emisiones del noticiero de televisión, pero la aventura duró solo tres meses.

En enero de 2008 Aristegui renunció a W Radio envuelta en manifestaciones de repudio por lo que muchos consideraron una censura a su línea editorial. Lo que ocurrió en esos días fue un espejo de lo que sucedería a su salida de

MVS, en marzo de 2015. Hubo manifestaciones públicas de respaldo y en privado periodistas e intelectuales se reunieron con la conductora recién despedida.

La mayoría se mostró de acuerdo en que había llegado el momento de que se independizara y fundara su propia estación de radio. Cuando lo convocó para conversar, Gaytán le dijo que no había tiempo que perder.

—Tienes que hacer tu página web —le dijo el productor—, crear tu estación y meterte de lleno a las redes sociales.

Aristegui, parte de una generación analógica a la que a veces le es difícil subirse al tren de la tecnología, le dijo que no era el momento. No parecía comprender la idea de fundar su propia página en internet, abrir un espacio digital y entrar al mundo de las redes sociales. Eran territorios desconocidos para ella y no veía el potencial que podría representarle, de modo que unos meses después eligió otro camino.

Don Joaquín Vargas era el más entusiasmado con la posibilidad de que volviera. Tras un año fuera de los micrófonos que debió parecerle una eternidad, Aristegui acudió al llamado del grupo empresarial propietario de MVS, que con Felipe Calderón en la presidencia, tomó quizá la decisión más arriesgada de su grupo empresarial: contratar a la periodista, que volvía a MVS en medio de una gran expectación tras su salida de W Radio.

Aristegui regresó acompañada de Gaytán, Navarijo y Miret, que volvía después de separarse un tiempo para trabajar en MTV. La conductora utilizó todas las ventajas que representa llegar invitada a una empresa. Desde el primer día, en el inicio de una larga y compleja negociación, llegó acompañada por Gaytán, que llevaba su representación para alcanzar acuerdos con Alejandro Vargas; Jesica Miranda, una productora de carácter un tanto difícil que había trabajado con José Gutiérrez Vivó, y Mariano Domínguez, gerente general de la estación.

Para pactar sus condiciones de trabajo, Aristegui y Gaytán llegaron con una carpeta cuyo contenido pusieron sobre la mesa con carácter irrenunciable: un código de ética, el blindaje a su línea editorial escrito por Navarijo años atrás en Imagen, que había tenido un inicio experimental en su paso por el programa *En Blanco y Negro* en Multivisión, y que se había robustecido y ampliado después al llegar a territorios de Televisa en *Círculo Rojo* y W Radio.

Los Vargas aceptaron firmar un contrato y el código de ética que para entonces había evolucionado hasta ser un documento muy completo de respaldo y respeto a la línea editorial de Aristegui.

Cuando esa parte fundamental estuvo resuelta, Gaytán se metió de lleno en lo siguiente: hacer del regreso de Aristegui a MVS en plan de estrella, todo un acontecimiento que causara revuelo en los medios y la política.

El productor pensaba en distintas posibilidades sin llegar a una concreta, cuando una tarde de invierno de 2008 le llamaron la atención tres carpetas de 250 hojas cada una que Liliana Mendoza, asistente de Aristegui en W Radio, había atestado con recortes de prensa sobre el despido de la conductora. Gaytán las revisó, leyó decenas de textos y con los titulares y algunas frases célebres extraídas de ellos, formó un *collage* a página completa. El escándalo del despido sería la mejor propaganda para promocionar el regreso de la periodista.

***

–Qué país. Qué cosas. ¿Qué vamos a hacer? Todo mundo calcula lo que puede venir y está corriendo por sus vidas.

Era cerca del mediodía cuando la conductora apareció en el primer piso del edificio de MVS, en nuestra segunda cita unos días después de la sesión de fotografías. Vestía un traje sastre negro y esas botas bajas con suela de goma con las que camina como si anduviera descalza.

Era una mañana calurosa y pasamos a un salón amplio y elegante con dos sillones de cuero y una barra de bar enorme y desolada. Unos minutos antes había terminado el programa y la conductora parecía abrumada con todo lo que sucedía en el país. Dijo que le parecía muy desalentadora la situación económica, política y social, agravada por la desaparición de los 43 normalistas de Ayotzinapa, y que creía que era posible que la gravedad de las cosas llevara a un grado extremo de exigencia ciudadana y que sucediera algo, aunque no sabía qué podía ser ese algo. Lo que pasó el año pasado, la marchas y las protestas –mencionó– dan idea de que hay una energía social y crítica que en algún punto puede reactivarse para que se convierta en un movimiento que sea importante y no solo catártico.

Aristegui apartó el teléfono de su vista y se acomodó en una esquina a unos centímetros de mí, no como cuando un personaje se prepara para una entrevista con la espalda echada atrás, el cuerpo recto y las piernas cruzadas. La conductora se sentó sobre una pierna, estiró la otra en el sillón, se inclinó hacia delante y se llevó la mano izquierda al mentón, como si fuera una adolescente y se acomodara para comer palomitas frente al televisor.

Para abrir la conversación le pedí que se definiera. Le conté que una vez un periodista legendario le había dicho que no era periodista. Se trataba de Julio Scherer, quizá el hombre en el que más confió Aristegui en los últimos años, un maestro, amigo y consejero a quien visitaba cuando tenía dudas y necesitaba un consejo.

—¿Eres periodista, conductora o comentarista?

Su rostro se tornó serio, antes de que respondiera lacónica:

—Periodista.

—¿Por qué?

—Me asumo como una periodista más allá de la opinión de quien haya dicho lo que dijo. Yo entiendo al periodista como alguien que tiene como razón de ser y de vida, informar, dar noticias, tratar de capturar en términos de información y debate público lo que a tu juicio personal consideras pertinente y que puede ser de interés para una sociedad ávida. Ahí es donde entra el criterio profesional, la valoración de las cosas. Mi perfil es uno y probablemente considero que se inclina a las cosas político-sociales.

—¿Vas a votar?

—Cada quien elige la manera de manifestar un descontento. Entiendo los planteamientos de Sicilia, Solalinde, Pietro Ameglio [del llamado a no votar] y otros que plantean una señal categórica a esta clase política impresentable. Habrá que ir a votar con la nariz tapada para no percibir los hedores. Sí digo que voy a votar, pero no con entusiasmo. Entiendo que la otra postura tiene razón de ser; no lo considero un error y espero que lo que desde ahí se construya signifique un castigo que obligue a la clase política a replantear cosas. Es verdad que tiene un gran valor esa posición porque eleva el nivel de exigencia de la ciudadanía. Quisiera pensar que a partir de esas exigencias algún día se pueda incorporar en México el voto en blanco, que en algunos países tiene consecuencias. Si lográramos en México una condición legal donde el número de votos anulados supere un porcentaje y entonces se deba anular la elección y los candidatos no puedan ser los mismos, sería una revolución político-electoral. El problema es que en México el abstencionismo tristemente favorece a opciones políticas que dicen: mejor que ni voten. Si te alejas de la urna, aunque solo vote el 5 por ciento, gobernarán con el 5 por ciento porque el sistema electoral da para eso. El dilema es fuerte. Esperemos que haya imaginación política y social para que sucedan cosas que ya deben suceder.

Cerca del mediodía miró el reloj. Dijo que tenía que irse a revisar unos trabajos en marcha.

Le pregunte cómo era cuando no estaba en público y qué hacía cuando no estaba detrás del micrófono, y me lanzó una mirada que ya había visto en otra ocasión cuando quise cavar en su vida personal. Esta vez sonrió.

—Soy muy necia —dijo con la barbilla recargada en la mano derecha—. En casa, con la familia, de vacaciones, es muy difícil que diga: «Me voy a desconectar. No voy a ver nada». A la lectura me gustaría dedicarle más tiempo. Cuando me tomo unos días de vacaciones me llevo dos libros y me pongo a dormir —rió de buena gana—. Tengo un déficit notable de sueño. Espero un día de estos tener más espacio para leer novelas, para más cine, más teatro, más música. Me gusta estar en mi casa. Me gustaría cocinar, pero no lo hago. No tengo paciencia y cuando veo a alguien cocinar siento envidia. En mi vida hay muchos pendientes para los próximos años.

Aristegui, que en la universidad veía tres películas en un día, no había visto *Birdman*, de Alejandro González Iñárritu, que unas semanas después ganaría cuatro premios Oscar.

4

Los Vargas y Slim

—Vamos con todo, Carmen. Vamos a hacer el mejor noticiero del país.

—Gracias, Alejandro. Vamos a hacer lo que sabemos.

—Bienvenida.

Alejandro Vargas, presidente de MVS Radio, abrazó a la periodista una tarde de enero de 2009 en el ocaso de una larga negociación. En un sitio lleno de familias y celebraciones, terminaba el último encuentro de una extensa ruta de preparación para el regreso de la periodista a la estación.

Un prolongado desfile de platillos había cesado esa tarde en que los Vargas eran anfitriones de la periodista, en uno de los más de cien restaurantes propiedad de la familia. Fue una larga comida en los rumbos de San Jerónimo, cerca de la casa de la conductora.

Al final de la tarde, el empresario hizo un brindis por el futuro promisorio de todos. De la empresa, de la familia Vargas, de la conductora que en W Radio saltara a la estelaridad del noticiero matutino.

–Vamos respetando tu libertad y tu independencia editorial, Carmen –dijo Alejandro Vargas–. Tienes todo nuestro apoyo. No tengas ninguna duda.

Un abrazo marcó el regreso de la periodista a MVS, en la mejor de las circunstancias.

***

Los Vargas son un grupo pequeño comparado con los emporios construidos por Carlos Slim, Emilio Azcárraga y Ricardo Salinas Pliego. «No son muy ricos», dijo una tarde un banquero acostumbrado a cerrar negocios con los empresarios más poderosos del mundo. «¡Aparentan más de lo que poseen!», rió el hombre de finanzas, amigo cercano de Joaquín Vargas, y atacó un canapé de prosciutto y alcachofas en la terraza de su departamento en el piso veinte de un condominio de Santa Fe, un paraíso abrazado por lagos, bosques y rascacielos.

Hace un tiempo, Joaquín Vargas, patriarca de la familia, compró un rancho enorme al propietario de la Comercial Mexicana y al hacerlo con seguridad invirtió casi todo lo que poseía. El suyo es un consorcio empresarial fragmentado, integrado por MVS, Dish, y el consorcio Mexicano de Restaurantes que reúne ciento cincuenta sitios, entre ellos La Hacienda de Los Morales, Capital Grill, Wings y Chilis. Los Vargas no son dueños de una sola gran empresa –como Telmex, Televisa o Televisión Azteca– que los haga súper poderosos de manera natural.

Pero los Vargas tienen rasgos interesantes que los distinguen de otros empresarios. Por distintas razones y en diferentes épocas han sido un grupo contestatario; no tienen fama de corruptos y tampoco han caminado abrazados al poder, declarando lealtades y abriendo brecha a futuros negocios con políticos y el gobierno en turno, como sí lo hicieron Emilio Azcárraga Milmo y Mario Vázquez Raña, con distintos gobiernos del PRI.

No son unos empresarios muy visibles ni habían sido influyentes en el campo de los medios hasta la contratación de Aristegui, en 2009. De manera circunstancial han estado cerca de los presidentes surgidos del PRI —Miguel de la Madrid les concedió la concesión de televisión, persuadido por Emilio Gamboa Patrón, su secretario particular—, sin que eso los ubique en la militancia partidista.

En la elección de 2000, en el puesto de presidente de la Cámara de la Industria Nacional de la Radio y la Televisión, Joaquín Vargas no simpatizaba del todo con el candidato priista Francisco Labastida Ochoa, pero le molestaban las maneras informales y rudas de Fox. Por alguna curiosa razón, los días en que la familia Vargas ha acaparado la atención del país apareciendo en los titulares de prensa, radio y televisión, han estado marcados por escándalos políticos.

Una tarde, al final de la campaña por la presidencia en el año 2000, los tres candidatos a la Presidencia se reunieron para discutir la posibilidad de un segundo debate. Era obvio que Labastida se oponía, intuyendo que estaría en desventaja ante Fox, mientras Cárdenas, titubeante e inseguro, se convertía en un involuntario respaldo a la posición del aspirante priista. El único interesado en debatir parecía ser Fox.

«Hoy, hoy, hoy», repitió Fox con necedad en un momento en el que la discusión se había empantanado. Proponía como sede TV Azteca, al tiempo que Labastida y Cárdenas se oponían. Martha Sahagún —jefa de prensa del candidato de las botas— corría de un lado a otro de un escenario improvisado en un jardín, en espera de un fax que confirmara que el debate podía realizarse en la televisora del Ajusco.

En esas circunstancias apareció sobre el escenario un quinto elemento. Joaquín Vargas tomó el micrófono y dijo que no podía garantizar la transmisión nacional del debate si la Cámara que presidía no tenía un informe completo sobre los detalles técnicos necesarios 48 horas antes. Vargas apoyó la posición de Labastida, pero al final Fox ganó y hubo un segundo debate.

Sobre lo que ocurrió después no hay certezas. Íntimos de la familia sostienen que los Vargas no se la jugaron con Labastida y que las circunstancias los colocaron contra Fox. Otros dicen que sí apostaron por el político de Sinaloa y hasta aseguran que Joaquín Vargas lloró la noche que el PRI perdió la Presidencia.

De lo que no hay dudas es de que el gobierno de Fox transcurrió en medio de un gris panorama para los Vargas, que no hicieron inversiones importantes en ese tiempo. Años después decidieron confrontar a Calderón, en cuyo gobierno tampoco habían logrado hacer negocios. No al menos de manera pública.

***

Ocurrió un día de verano de 2008 en Estados Unidos, en la fiesta privada de una reunión a la que cada año asisten las familias de los empresarios más ricos de América Latina. Carlos Slim llegó y, tras saludar, conversó con un hombre al que no conocía y que le contó que su visita a México unos días atrás había sido un desastre. Había sido convocado a una audiencia con el presidente Felipe Calderón y al final lo recibió el secretario de Comunicaciones, con quien no pudo resolver nada. Uno de los dos hombres más poderosos de la empresa Echostar le dijo a Slim que era lamentable que no pudiera zanjar los problemas que tenía con las autoridades para hacer negocios con los hermanos Vargas, por medio de una sociedad con Dish México, otra de sus empresas.

Hacía años que los hermanos Vargas habían roto relaciones con Slim y hasta lo habían investigado sin encontrar nada extraordinario, pero ese día algo le dijo al propietario de Telmex que debía reencontrarse con ellos. Habló con su secretaria y un rato después marcó el número de un teléfono celular.

–Joaquín, ¿cómo le va?, habla Carlos Slim.

–Ingeniero, ¿cómo está?

Slim le contó que estaba con el hombre que le había contado sus desventuras en México y propuso que se vieran cuando regresara al país. Unos días después se reunieron y escucharon a Slim hablar de un plan de negocios que involucraría a Telmex, Dish y la otra compañía internacional, sin violar la ley. Discutieron algunas opciones y se citaron para verse esa misma semana.

Los Vargas convocaron a sus abogados y contadores para revisar el asunto y estaban reunidos cuando el propietario de Sanborns llamó para pedirles adelantar la reunión para el día siguiente.

Llegaron a la casa del ingeniero con una presentación PowerPoint y un proyector. Slim los saludó, los invitó a sentarse, colocó sobre la mesa una libreta y garabateó números e ideas. Les dijo que se le había ocurrido que cobraran el servicio de Dish México en los recibos de Telmex y mencionó la posibilidad de una sociedad que, entre otras cosas, haría que en unos meses miles de azoteas de casas y edificios del país se pintaran de rojo, con las pequeñas parabólicas de la empresa de los Vargas.

El reencuentro marcó el inicio de algunas cosas que detonarían meses y años después. Ese día se pactó el Proyecto Alfa, la sociedad secreta que castigaría el Instituto Federal de Telecomunicaciones con una multa de 43 millones de pesos a la empresa que dirige Ernesto Vargas, en enero de 2015, un mes antes de que el diario *El Financiero* publicara unos documentos filtrados, una serie de cartas y contratos que daban cuenta de un compromiso asumido de venta de 51% del capital de Dish a Telmex, cuando la empresa de Slim obtuviera permisos de las autoridades para entrar al mercado de la televisión.

La reunión en casa de Slim desató, unos meses después de pactada la sociedad, una guerra de Televisa y TV Azteca acusando a los Vargas de servir para que Telmex ofreciera servicios de televisión de paga y también activó una versión difundida con profusión en todas partes: que Slim estaba detrás de Carmen Aristegui.

***

Los primeros dos años de la conductora al frente de la *Primera Emisión* no fueron muy distintos a todo lo que había hecho antes en distintos medios: entrevistas puntuales, críticas y en ocasiones arriesgadas, hasta que en febrero de 2011 la pregunta sobre el alcoholismo de Calderón desató la ira del presidente y Aristegui fue despedida solo para ser reinstalada unos días después.

Por alguna razón, Joaquín Vargas decidió mantener en secrecía los detalles de las conversaciones privadas que sostuvo en esos días con la vocera Alejandra Sota y el secretario del Trabajo, Javier Lozano. Las hizo públicas un año y medio después, en agosto de 2012, exponiendo algo nunca antes descubierto, pero que en privado debía ocurrir con regularidad entre el gobierno, los concesionarios de radio y televisión y los propietarios de otros medios: la presión y el chantaje como una forma habitual de control de información y un método regulador –prosperidad o grisura– de esos espacios como negocios.

Vargas había roto una regla inviolable de la política mexicana consistente en no enfrentar al presidente, en un país aún inmerso en el culto al presidencialismo. ¿Por qué razón había decidido hacerlo en ese momento? ¿Con Peña ya electo, en las acusaciones del dueño de MVS subyacía un mensaje al gobierno priista que volvía al poder tras perderlo en 2000?

La política es un camino sembrado de intrigas, simpatías y odios, actitudes generosas y mezquindades. Una caja cargada de intereses sin cabida para las casualidades: en el otoño de 2013, solo un año después de enfrentar en público al gobierno de Calderón, Joaquín Vargas llegaba al final de una negociación que involucró a Los Pinos y tuvo como epicentro la Secretaría de Comunicaciones y Transportes.

El presidente del Consejo de Administración de MVS y el gobierno peñista pactaron el refrendo de 60 de 190 megahertz en litigio de la banda ancha 2.5. Los 130 restantes serían puestos a licitación. Se trataba de una de las decisiones más importantes después del Pacto por México, un acuerdo alrededor de un negocio con un potencial de millones de dólares.

En política no hay casualidades: el acuerdo entre los Vargas y el gobierno ocurrió unos meses antes de que el Congreso aprobara las nuevas leyes federales sobre telecomunicaciones, que retiraron al gobierno la facultad de decidir en materia de concesiones, a partir de julio de 2014 resueltas por el Instituto Federal de Telecomunicaciones, un órgano rector con autonomía.

¿Se trataba de un favor del gobierno peñista a la familia Vargas?

La satisfacción de los propietarios de MVS por recuperar una parte de la polémica concesión se apagó como un fósforo en una tormenta: unas semanas después, Cablevisión, filial de Televisa, tramitó un amparo para frenar el refrendo parcial de la concesión de la banda de 2.5 gigahertz a los Vargas. Eso significaba que no podrían hacer negocios, licitar ni vender lo que les restaba de la banda ancha, en tanto los litigios no se resolvieran en tribunales.

5

Los primeros despidos

La mañana siguiente a la propagación de los comunicados de MVS en la *Primera Emisión* con Carmen Aristegui, el equipo de la periodista llegó a resolver asuntos urgentes. Daniel Lizárraga citó a las 8 de la mañana a Cabrera y Huerta para acelerar la salida de una investigación sobre una casa en Malinalco, propiedad del secretario de Hacienda, Luis Videgaray, cuyos orígenes se remontaban a la campaña por la presidencia en 2012.

Una hora antes de llegar a la estación, Lizárraga había llamado a Barragán. Nunca hablaban tan temprano.

–Sebas, ya despierta y ponte a trabajar.

Barragán notó que su jefe estaba de buen humor, pese a todo lo que había sucedido un día antes. Le pidió al joven reportero que no fuera a la oficina y que se dirigiera al Club de Periodistas de México, una antigua organización con profundas filias al PRI y al gobierno en turno, para recibir un premio otorgado a la unidad de investigaciones por un reportaje que puso al descubierto que Cuauhtémoc Gutiérrez, presidente del PRI en la Ciudad de México, había convertido la sede del partido en un prostíbulo.

En MVS el programa de Aristegui transcurría con aparente normalidad, cuando de pronto comenzó a correr un rumor que se propagó en llamadas telefónicas y mensajes de texto.

Ivonne Melgar, una periodista con la que Lizárraga y yo trabajamos en el diario *Reforma* más de diez años atrás, me llamó a las 9:42, cuando yo terminaba de escribir un reportaje sobre Jesús Reyes Heroles.

—Escucha —dijo asustada— hace unos minutos recibí la versión de que MVS despidió a Lizárraga. El hilo se rompe por lo más delgado.

Hice la computadora a un lado y le llamé. Lizárraga respondió de inmediato.

—Todo tranquilo, tío. Hay una tensa calma, pero todos seguimos aquí.

Salí a una cita en la colonia Roma y tres horas después me despedía de Marcelo Ebrard, en un café frente al parque Luis Cabrera. Desde que comenzamos a conversar antes de las 11:00, el ex jefe de gobierno de la ciudad tenía informes de que varios miembros del equipo de investigaciones de Aristegui habían sido despedidos.

—La represión está de vuelta —dijo Ebrard—. Es el regreso a los tiempos de Díaz Ordaz.

Volví a tomar el teléfono, llamé a Lizárraga y no respondió. La última vez que había visto su *chat* de WhatsApp indicaba las 10:34 de la mañana.

Hablé otra vez con Melgar y me confirmó que lo que había empezado como un rumor, había sucedido: los hermanos Vargas habían echado al cerebro detrás de la investigación de la casa blanca.

Volví a llamarlo sin que respondiera y comencé a caminar en círculos en la colonia Roma, hasta que llegué al parque Río de Janeiro. Me conecté a Twitter y como un golpe imprevisto apareció un tuit de Beatriz Pereyra, esposa de Lizárraga, cronista de deportes en *Proceso*, yucateca, aguerrida, solidaria y lo que le sigue. Su mensaje decía:

En México no ser perro del poder se paga caro: hoy, orgullosamente Daniel Lizárraga está fuera de Noticias MVS. Es la factura por la casa blanca.

Ese jueves 12 de marzo Aristegui había despedido el programa a las 10 de la mañana sin que nada fuera de lo normal ocurriera. Antes de cerrar el micrófono había pronunciado un mensaje breve que parecía transmitir un espíritu conciliador.

—Queremos seguir al aire —dijo—. Nuestro compromiso es con MVS y con el periodismo.

Solo tres minutos después, las malas noticias volvían a tocar a su puerta.

Una chica alta, linda y sofisticada llegó a la redacción y preguntó por Lizárraga y Huerta.

—Los llaman de la presidencia ejecutiva.

Cabrera le dijo que Lizárraga estaba en el piso de arriba, en cabina. Huerta salió detrás de ella.

Arriba, Lizárraga y Camarena conversaban y hacían bromas. La chica los interrumpió y le pidió al jefe de la unidad de investigaciones que por favor la siguiera.

—Pensé que los llamaban para conversar, que todo se solucionaría con una plática breve —recordaría Cabrera.

Lo que sucedió un minuto después le hizo sospechar que el problema no se estaba resolviendo.

Dos empleados del área de informática entraron atropellándose a la redacción. Respiraban con dificultad y jadeaban, como si hubieran llegado ahí corriendo.

–Venimos a instalar un antivirus –dijo uno y rodearon las computadora de Huerta y la que estaba frente al espacio que ocupaba Barragán.

–La de Lizárraga –dijo uno de los empleados.

–Esa también –añadió señalando la que ocupaba Cabrera.

–Esa no –dijo el otro–. La otra.

A toda prisa los hombres de informática desconectaron las unidades de almacenamiento de información y se marcharon con ellas en brazos.

Ya se habían retirado cuando Huerta volvió a entrar a la redacción. Habrían pasado acaso cinco minutos desde que había salido hacia la presidencia ejecutiva de MVS. Cabrera recuerda que estaba pálido.

–Ya nos corrieron –le dijo–. Desde el umbral de la puerta un guardia no le quitaba los ojos de encima.

–¿Ya le avisaste a Carmen?

–No.

Los despidos habían ocurrido en una oficina cercana a la presidencia ejecutiva de la empresa, un piso arriba. Los recibió la titular de Recursos Humanos, acompañada por dos abogados. Les dijeron que la empresa había perdido la confianza en ellos. Les entregaron una carpeta, para Lizárraga un documento de rescisión de contrato, y para Huerta uno de terminación voluntaria de trabajo.

–Yo no firmo nada –dijo Lizárraga.

–Si él no firma, yo tampoco –dijo Huerta.

Les quitaron los celulares y les dijeron que tenían media hora para recoger sus cosas y retirarse del edificio. Dentro de todo, fueron amables.

Huerta bajó las escaleras y volvió a la redacción. Intentó llegar a la oficina de Aristegui, pero el guardia se lo impidió.

Lizárraga se había rezagado leyendo los documentos en la oficina donde los habían despedido. Antes de entregarlo, empuñó el celular viejo y averiado y vio que le restaba una rayita de batería. Escribió un mensaje urgente a Pereyra, su esposa, que se encontraba en Monterrey enviada por la revista *Proceso* para escribir sobre un evento deportivo.

«Nos acaban de despedir a Irving y a mí. Me van a quitar el teléfono.»

Cabrera salió tropezándose de la redacción. Fuera de la oficina se habían reunido Camarena, Miret y Karina Maciel, productora del programa de entrevistas en CNN. Sandra Nogales, asistente de Aristegui, estaba al teléfono.

—Acaban de correr a Daniel y a Irving —le dijo—. Tienes que avisarle a Carmen.

Nogales tocó una vez la puerta y no esperó a que Aristegui respondiera. Entró y le contó de los despidos. La conductora salió medio minuto después.

—Esto ya escaló demasiado —dijo Aristegui—. Vámonos a otra parte. Vamos al *sitio*.

Se refería a la sede de *Aristegui Noticias*, ubicada en un pequeño departamento en un condominio de la colonia Anzures. Todos parecían asustados.

A Lizárraga y Huerta les dieron media hora para sacar sus cosas. El jefe de la unidad de investigaciones tomó unos papeles y otras cosas, los subió a su auto y se fue a su departamento a alimentar a sus cinco gatos.

En el centro de la ciudad, Barragán esperaba turno para recibir el premio del Club de Periodistas. Había tratado de convencer a los organizadores de que le dieran el trofeo y lo dejaran irse, pero le pidieron quedarse a la ceremonia de premiación.

Cerca de la puerta principal observaba un largo desfile de periodistas y directivos de medios que pronunciaban discursos sobre la importancia del periodismo y la libertad de expresión, cuando recibió un mensaje de texto. Cabrera le contaba que Lizárraga y Huerta habían sido despedidos.

–No hagas bromas así –le respondió.

Pasaron veinte minutos y el cuarto integrante del equipo de investigaciones aún no pasaba al escenario. En el centro de la mesa principal estaba sentada la presidenta del Club, flanqueada por Calleja, director nacional de prensa de Peña, un viejo comunicador que participó en tres campañas de candidatos priistas a la presidencia hasta que Fox derrotó a Labastida en 2000.

En la ceremonia de premiación los organizadores habían anunciado que se haría un enlace con Aristegui para que pronunciara un mensaje. Intentaron llamarla varias veces, pero la comunicación se interrumpía, lo que impacientó a algunos de quienes estaban sentados en la mesa principal, que comenzaron a hacer comentarios.

–Ay sí –dijo uno de ellos–, la señora no viene y va a hablar por teléfono. ¿Quién se cree?

Javier Solórzano, que estaba ahí para recibir un reconocimiento, los paró en seco.

–Creo que todos aquí saben que somos amigos, ¿no? Así que eviten hablar mal de Carmen delante de mí para que no pongamos malas caras.

Por fin el teléfono de Barragán timbró. Cabrera le confirmó el despido de sus compañeros.

—Allá voy con este puto premio —masculló.

Tan pronto se despidió de Cabrera, escuchó al maestro de ceremonias nombrar a la unidad de investigaciones de Aristegui. Como un zombie triste se abrió paso entre un remolino de fotógrafos y llegó a la mesa principal, recogió la medalla, se despidió con prisa de la presidenta del Club de Periodistas y antes de llegar a donde estaban los funcionarios del gobierno peñista, se dio media vuelta y se marchó.

Quiso correr, pero los fotógrafos le pedían que posara con la medalla, que sonriera, que se la colgara al cuello. Posó con cara de desesperado y salió disparado hacia el sitio de *Aristegui Noticias.*

Una hora después del final de la *Primera Emisión,* las redes sociales se incendiaron con la noticia del despido de los dos periodistas miembros de la unidad de investigaciones de Aristegui y piezas fundamentales en la construcción de la historia de la casa blanca.

Facebook y Twitter eran un micromundo del país. El público en ambas redes, el auditorio de Aristegui —quienes la aman sin razón ni medida y quienes la odian sin medida ni razón— se partía como si se tratara de los habitantes de dos países distintos.

Unos censuraban el despido de los periodistas y en sus escritos elevaban severas críticas a Peña, que envolvían el retorno del autoritarismo. Otros reducían los despidos a un asunto entre particulares y celebraban la salida de la conductora. Por la tarde, algunos más advertían el silencio de Aristegui y la ausencia de un mensaje de solidaridad y respaldo a sus investigadores. Habían transcurrido ya seis horas desde que Huerta y Barragán habían salido acompañados por unos guardias y la conductora permanecía sumergida en un prolongado silencio, al menos en público.

Al salir de MVS caminaron un trecho hasta llegar al *sitio*, a unas cuadras de ahí.

La conductora tiene una apariencia hermética. Cuando está al aire casi nunca deja que se asomen sus dientes, pero en persona, y más aún en la intimidad de su círculo de amigos y colaboradores cercanos, es cálida, sonriente y bromista. Es rápida de pensamiento y tiene un humor ácido.

—¿Qué más saben hacer además de notas? —preguntó Aristegui cuando avanzaban por las calles arboladas y luminosas de la colonia Anzures—. ¿Y ahora a qué te vas a dedicar, Irving?

—Voy a tocar una guitarra.

—Kirén sabe hacer helados —dijo la conductora—. ¿Por qué no pones una heladería?

En el *sitio* se reunieron en la pequeña redacción.

Aristegui dijo que desde que la empresa circuló el comunicado una noche antes, sabía que algo no estaba bien, que el noticiero estaba en peligro, que el mensaje parecía un pretexto para despedirlos. Que todo olía muy mal.

Lizárraga y Huerta dijeron que estaba claro que la empresa estaba presionando y que la escalada en la difusión del comunicado institucional era un intento por llevarla a renunciar.

—Tienes que aguantar —dijo Lizárraga y Huerta lo secundó—. Debes mantener el espacio. No renuncies.

Ese mediodía, sus colaboradores recuerdan a una Aristegui serena y concentrada en escuchar, como si un desdoblamiento de personalidad contuviera a la chica rebelde que detrás del micrófono solía reaccionar con ímpetu desbordado.

Cuando ya oscurecía, Cabrera volvió al viejo edificio de MVS, subió las escaleras y entró a la redacción desolada. Le llamaron la atención los huecos formados por la ausencia de las computadoras de Lizárraga y Huerta, dos cráteres gigantes en esa oficina que para la mayoría había sido una casa donde pasaban la mayor parte del tiempo.

A toda prisa llegó a su lugar y respiró con tranquilidad cuando vio la carpeta verde de plástico repleta de papeles, una montaña enana de unos 30 centímetros de alto.

Era el expediente de la investigación de la casa blanca, cientos de documentos oficiales y copias fotostáticas que había pagado de su bolsa cuando comenzó el reportaje y era reportero de *Animal Político*.

En su casa, esa tarde Irving Huerta compartió en Facebook una fotografía que los cuatro miembros de la unidad de investigaciones se habían tomado unos meses atrás para participar en un premio de periodismo. En unas horas la imagen fue replicada más de mil veces.

***

Al día siguiente, cuando Aristegui y su equipo llegaron al edificio de MVS, Carlos Reyes, el emergente en espera del micrófono, aguardaba en la misma sala de otros días. Era un viernes 13 de marzo.

La conductora apareció al aire como de costumbre. Sin preámbulos dijo que había un tercer comunicado de la empresa y pidió a Miret leerlo. El documento decía que por pérdida de confianza, MVS había despedido a Lizárraga y Huerta por comprometer recursos y marcas sin autorización. «Como empresa no podemos admitir abusos de nuestros colaboradores». En la última línea, la empresa exhortaba al resto de sus colaboradores a continuar trabajando con responsabilidad para mantener el liderazgo de sus servicios informativos.

Vestida de blanco de la cintura para arriba, la conductora tenía un mejor semblante que un día antes. Hizo referencia a un documento del *ombudsman* de la audiencia en MVS, Gabriel Sosa Plata, exhortando a las partes a superar las descalificaciones y continuar produciendo información que contribuyera a la formación de opinión en la sociedad. Después de transmitir por la señal de cable la imagen de Sosa leyendo un documento, la conductora tomó unas hojas y pronunció un discurso.

> Es inquietante la manera como se han presentado las cosas. Un tema de una dimensión X –la ceja izquierda saltó de su sitio– se magnificó y se utilizó para una campaña desmedida y que no calificaré yo, «una campaña inédita y desproporcionada», dijo el ombudsman hace unos momentos. Por razones que solo ella sabe, MVS recurrió a la estridencia mediática y a crear un clima de ruptura. Nosotros dijimos que no peleamos con un asunto de esta naturaleza y optamos por mantenernos al aire y no caer en una circunstancia creada para eso y dijimos que apostamos por mantener este espacio acorde a las condiciones establecidas por seis años con MVS y la respuesta fue despedir a dos periodistas, que en lugar de despedirlos, deberíamos premiarlos; dos periodistas fundamentales en una unidad de investigaciones que ha dado a la sociedad un trabajo de primer nivel, valiente, responsable, que debería ser reconocido y no castigado. Despedir a Lizárraga y Huerta, parte fundamental de

investigaciones tan relevantes como la casa blanca y otras, es algo que rechazamos categóricamente, que daña seriamente nuestro trabajo editorial y las condiciones y relación contractual, que contraviene seriamente los acuerdos fundamentales entre la directora de este espacio, que soy yo, y MVS, que a lo largo de seis años hemos respetado mutuamente mi condición de directora de este espacio y de responsable de los contenidos editoriales y las transmisiones al aire de esta emisión. Despedir unilateralmente, sin mi conocimiento y sin mi anuencia, por supuesto, a dos colaboradores como Irving y Daniel o cualquier otro, es algo que rechazo y que, subrayo, contraviene seriamente el acuerdo de carácter contractual entre MVS y yo. Hemos hablado Lizárraga, Irving y todo el equipo sobre el significado de su despedida, sobre si caer o no en esto que parece provocación para romper y hemos decidido que no, que lo importante es mantenernos al aire, que si MVS, como dice su comunicado, nos invita a continuar haciendo nuestra tarea lo haremos, pero con Irving y Daniel aquí. Nuestro llamado es a que los reinstalen voluntariamente. El llamado es a que Lizárraga y Huerta estén de regreso aquí sumándose con el resto del equipo a la tarea cotidiana. Ese llamado a MVS es en el tono, el sentido y el espíritu del llamado que nos hace a ellos y nosotros el ombudsman para continuar informando. Esto coincide con lo que dice MVS en el comunicado de ayer, nos invita a seguir trabajando y nosotros decimos, sigamos trabajando. Lo que le digo a MVS es que la reinstalación de Lizárraga y Huerta es una condición irrenunciable. Hay condiciones para que la reinstalación se dé en términos civilizados y armoniosos para restituir una parte gravemente dañada de nuestro trabajo editorial. La Unidad de Investigaciones Especiales se ha convertido en una parte crucial, fundamental y poderosa de este equipo. Esta decisión daña de varias maneras. Interrumpe investigaciones en curso y afecta a un equipo de trabajo que no puede seguir como si nada pasara. Nadie va a traicionar, como algunos comienzan a decir, a Daniel y a Irving. El llamado es a que regresen, el llamado es a que se revierta una decisión en un contexto muy inquietante, el llamado es a que MVS clarifique su postura y asuma lo que dice en su comunicado. Si efectivamente coincidimos, el ombudsman con su exhorto, nosotros con nuestro llamado de mantenernos al aire con libertad y ojo crítico, y si MVS quiere lo mismo hagamos lo que debamos hacer. Si hay efectivamente una voluntad de MVS, habrá entonces voluntad para continuar con esto que es una petición comprensible, clara e irrenunciable para que las cosas marchen como deben marchar con un equipo de trabajo que tiene un compromiso con la audiencia y que tiene muchas cosas por decir. Ahí está el llamado a MVS y espero sinceramente una respuesta positiva. Espero que esto no sea lo que parece ser. Pronto tendremos noticias del asunto. Volveremos con más en unos minutos. Un saludo y enorme reconocimiento a Lizárraga y Huerta y a todo el equipo.

Un rato después Aristegui retomó el asunto. Su voz era firme y sus ojos inquietos viajaban del centro de la cámara que proyectaba su imagen, al centro de la mesa, donde permanecían las hojas en las que había hecho anotaciones. Volvió sobre el despido de los periodistas, en un tono más radical:

Estamos en un momento de reafirmar posiciones; tener claro el mapa de las cosas, saber para qué estamos aquí es muy importante. No es tiempo de sometimientos ni de aceptar regresiones, no es tiempo para que la sociedad mexicana, a la que le ha costado un trabajo enorme abrir brecha en libertad de expresión, conciencia social y derechos fundamentales, retroceda. No tenemos derecho a la claudicación y a aceptar lo que parece ser ya no un aroma sino un vendaval autoritario de regresiones. El mapa nacional con capítulos que hemos abordado aquí, como lo que acaba de pasar en la Corte, como determinar por una verdad histórica una realidad que no se puede cerrar en Ayotzinapa, como algunos nombramientos recientes. Hay en México un clima muy preocupante y este panorama no lo podemos aceptar. Estamos en un momento donde los ejes fundamentales de la existencia de las personas, los medios y los periodistas se tienen que reforzar —alzó el pulgar cuando Miret le comunicó al otro lado que el programa estaba por terminar— y a esta batalla no le demos vueltas, no lo dude nadie —miró a la cámara y asentó las manos abiertas sobre la mesa— es una batalla por nuestra libertad, por el derecho a expresarnos, por el derecho a saber; es en defensa de los periodistas y, por lo tanto, en defensa de la sociedad. Esta batalla es por nuestros contenidos, ahora es por el regreso de Irving y Daniel y en estos momentos donde uno debe tomar una postura frente a hechos inaceptables, nunca sobra recordar a los grandes maestros, las grandes batallas y tener en mente y corazón —cerró ambas manos y con el puño asestó unos golpecitos en la mesa— figuras que son inspiradoras y emblemáticas por lo que representa para México la tarea de los periodistas. Así que permítame dejar un mensaje a la memoria de Miguel Ángel Granados Chapa, de Vicente Leñero, de Julio Scherer. Ellos ya no están aquí, pero están aquí. A su memoria, por ellos, por nosotros, por ustedes, por Irving, por Daniel, por los que se fueron, por los que vienen y por los que están.

Al terminar ya no miró a la cámara. Sus ojos se perdieron en los papeles, en un extremo de la mesa. Miret despidió el programa con «Para la libertad», de Serrat.

Horas después MVS emitió un nuevo comunicado para dar a conocer una serie de lineamientos editoriales que, entre otras cosas retiraba a Aristegui la dirección y el control de la Unidad de Investigaciones Especiales, que en adelante estaría a cargo del director de Noticias de la empresa. Las nuevas condiciones significaban en síntesis cancelar una parte relevante del Acuerdo General de Política Editorial y el código de conducta firmadas por Aristegui y la empresa, que decía:

«Los responsables de cada una de las emisiones serán responsables finales del contenido y dinámica de sus espacios y desarrollarán su tarea en pleno ejercicio de la libertad de expresión.»

Ese día sería el último programa de la *Primera Emisión*, el más reciente capítulo de una larga historia de desencuentros entre la conductora y MVS, agravada esta vez por las revelaciones de la casa del presidente Peña Nieto.

Era un viernes 13.

6

El presidente y la prensa

El 1 de diciembre de 2014 el presidente llegó a la parte trasera del avión a saludar a los periodistas que lo acompañaban en sus recorridos dentro y fuera del país. Había salido al mediodía de la Ciudad de México con destino a Cintalapa, un municipio al oeste del estado de Chiapas, justo antes de que una tormenta de manifestaciones asfixiara la capital del país al cumplirse el segundo aniversario de su gobierno. Se detuvo en la segunda fila de asientos y aceptó preguntas. Cuando uno de los reporteros lo interrogó sobre la casa de 7 millones de dólares donde vive con su familia, Peña hizo un silencio breve y antes de responder se llevó la mano al bolsillo.

—Vamos a ser claros —dijo con una mano en alto—. ¿Cuál conflicto de interés? ¡No lo veo por ningún lado! Supongamos que tengo un amigo que es dueño de Nextel —blandió en el aire uno de sus teléfonos— y le compro un radio o contrato los servicios de su empresa. ¿Estoy haciendo algo ilegal? ¿Estoy favoreciendo a mi amigo? A mí me parece que no. ¡No existe un conflicto de interés porque tengo un amigo en Nextel y elegí a esa empresa y no a otra!

El presidente había aceptado conversar con los periodistas sobre la casa de las Lomas que su esposa compró con un crédito a una empresa propiedad de Juan Armando Hinojosa, el contratista que construyó obras por 30 mil millones de pesos en el gobierno de Peña en el Estado de México y casi por el doble con su llegada a Los Pinos. El reportaje, revelado por Aristegui, había desatado una avalancha de críticas sobre un posible conflicto de interés y la esposa del presidente, Angélica Rivera, una actriz que se hizo famosa haciendo telenovelas para Televisa, quien apareció unos días después con cara de enojada para explicar los pormenores de la operación. Mientras el presidente se había sumergido en un prolongado silencio que lo llevó a distanciarse de manera temporal de los periodistas de la casa presidencial, que en esos días lo habían notado serio, pensativo y lejano. Ahora, en la celebración del segundo aniversario de su gobierno, Peña se veía más tranquilo y hasta sonreía, lo que llamó la atención de los reporteros.

El presidente dijo que se sentía bien al cumplir dos años de gobernar el país, pese a problemas como el narcotráfico, la violencia y la desaparición de los normalistas de Ayotzinapa. Un periodista se refirió a las encuestas más recientes, que le otorgaban una baja calificación y popularidad.

–Vamos bien –insistió Peña–, pese a problemas evidentes. Lo de las encuestas lo veo así: vamos en este avión y de pronto entramos a una zona de turbulencia. El avión se sacude y es difícil de controlar, pero al final sale de ese espacio y llega a donde tiene que llegar. Con el país pasa lo mismo. Hay problemas graves, pero los estamos superando.

¿El descenso en la calificación del presidente era resultado de la investigación de Aristegui?, quiso saber otro periodista.

Peña pensó antes de responder, encogió los hombros y sacudió los brazos al frente, con las palmas hacia el cielo.

—En este asunto cada quien ha construido una historia distinta. Yo me pregunto, ¿en dónde está el conflicto de interés? No nos la regalaron. Esa casa se construyó cuando yo no era presidente. Queríamos una casa y platicando nos preguntamos quién sabía de esto, teníamos un conocido y le preguntamos. Nadie escondió, nadie ocultó la casa —continuó el presidente en un tono cortés—. Tras otro silencio, abrió con desmesura los brazos. ¡Y es una casa bastante grande, a la vista de todo mundo! En verdad no entiendo cuál es el inconveniente.

El conocido al que se refería Peña es Juan Armando Hinojosa, propietario del Grupo Higa y de la casa de las Lomas en posesión de la familia presidencial. En el otoño de 2014, el contratista de Peña en el gobierno del Estado de México había ganado, en sociedad con un consorcio liderado por la empresa China Railway Construction Corporation, la licitación para construir el tren de alta velocidad México-Querétaro, una de las obras más importantes al inicio del sexenio. El proyecto fue cancelado de manera intempestiva unos días antes de que Aristegui diera a conocer el origen de la casa blanca.

Hasta el día en el que Peña conversó con los reporteros en el avión, se había escrito y especulado mucho sobre la amistad que, se rumoraba con insistencia, unía a Peña y al empresario que en la primavera y parte del verano de 2012 rentó al candidato priista un par de aviones para sus recorridos de campaña. Pero ninguno de los dos había confirmado, negado o hablado siquiera de la existencia de esa filia, que se suponía estrecha.

Ahora Peña lo confirmaba. Decía que le tenía tanta confianza a Hinojosa que le pareció buena idea, algo normal, recurrir a él para resolver el deseo familiar de tener una casa.

***

La relación del presidente con la mayoría de periodistas que reporta sus actividades para prensa, radio y televisión, una veintena de comunicadores, es cercana, cordial y en algunos casos, amistosa.

A ese núcleo pertenecen Juan Sebastián, un discreto reportero de Televisa; Miguel Reyes Razo, veterano de *El Sol de México*, que ha escrito quizá sobre los últimos seis presidentes surgidos del PRI; Rosa Elvira Vargas, de *La Jornada*, que informaba desde Los Pinos en el gobierno de Ernesto Zedillo, y Maru Rojas, de Radio Fórmula, una reportera que en el gobierno de Vicente Fox dejó de atender las actividades del presidente bajo acusaciones de censura. Están ellos y el resto, un grupo formado por otros periodistas veteranos y un número importante de jóvenes e inexpertos comunicadores.

El presidente es un hombre amable y formal que trata con gentileza a los periodistas que informan de sus actividades. Como suele hacer con la gente que asiste a los eventos que encabeza, y que le grita desde el otro extremo de las vallas metálicas para que se acerque a saludar, Peña va hasta los reporteros cuando le piden que vaya, y los saluda, los abraza, les pregunta cómo están y se toma *selfies* con algunos de ellos en los viajes internacionales que hacen juntos.

Es un hombre joven –cumplirá 49 años en julio de 2015– con hábitos y una forma de comportarse más parecida a políticos de otra época, de esos que jamás tuteaban, que vestían trajes de cortes conservadores y hablaban con extrema formalidad. La imagen que Peña proyecta se asemeja más a la de Adolfo Lugo Verduzco, un viejo priista con la apariencia de una efigie, que a la de Barack Obama y su espontaneidad a veces excéntrica.

Peña es un político proclive a dar importancia a los simbolismos —decidió establecer su oficina en la residencia Lázaro Cárdenas, donde habían despachado todos los presidentes priistas hasta Ernesto Zedillo— y también es un hombre de hábitos nocturnos, lo cual, de acuerdo con los hombres y las mujeres que le rodean, no tiene que ver nada con que se desvele en una fiesta o bebiendo gin tonic —de vez en cuando toma una copa de vino—, sino con un rasgo que, según sus colaboradores, lo define por encima de otros: es un hombre estratégico, metódico y estudioso.

A diario, dicen sus íntimos, el presidente inicia la última de las actividades antes de la medianoche. Revisa a detalle lo que sucedió en el día, en particular lo más importante, estudia los asuntos más delicados y define lo que hará al día siguiente. Alrededor de la 1:00 sale de la casa Lázaro Cárdenas y camina hasta la residencia Miguel Alemán, donde vive con su familia.

Duerme unas siete horas y apenas despierta revisa los diarios en una síntesis que sus colaboradores le envían todos los días a distintas horas, se sube a una máquina y corre entre cinco y siete kilómetros. Se baña, se viste, desayuna y comienza a trabajar alrededor de las 10:00, a menos de que antes deba asistir a un acto ya previsto.

El presidente suele ser un hombre sereno que casi nunca pierde la compostura. Hay pocas cosas que le molestan y una de ellas es la informalidad.

Un día un funcionario del equipo de Los Pinos llegó al despacho del presidente convocado a una reunión de trabajo. Entró, se quitó el saco, suavizó el nudo de la corbata para estar cómodo y corrió hasta sus antebrazos las mangas de la camisa. Peña, que de manera invariable viste de traje o un combinado de pantalón de casimir y saco formal, le miró con molestia y exigió que vistiera el saco, se ajustara la corbata y llevara con corrección la camisa.

Como ha ocurrido en Los Pinos de un sexenio a otro, Peña tiene ciertas predilecciones por periódicos y periodistas.

En el gobierno de José López Portillo, el periodista del sexenio, un hombre muy cercano al presidente, era Joaquín López Dóriga. En la era de Carlos Salinas de Gortari, un joven reportero, Fidel Samaniego, llegó como suplente para escribir relatos de la campaña y se convirtió en el cronista del presidente, que una vez visitó su casa y comió con su familia en La Noria, cerca de Xochimilco. *El Universal*, casa de Samaniego, fue también la casa del presidente.

El favorito de Peña es *El Sol de México*, propiedad de Mario Vázquez Raña, fallecido en febrero de 2015 a los 82 años, fundador de los *Soles*, una cadena de periódicos con presencia en todo el país, un empresario que a lo largo de cinco décadas construyó una relación cercana y amistosa con el PRI y todos los presidentes surgidos del partido.

Es el único periódico al que Los Pinos permite llevar a dos periodistas en los viajes del presidente al interior del país y al extranjero; un joven reportero a cargo de los textos informativos y Miguel Reyes Razo, relator de los viajes de Peña.

Este periodista es un hombre culto y de memoria prodigiosa, que recibe un trato cortés y diligente de los hombres del presidente. David López, director de Comunicación Social de Presidencia hasta marzo de 2015, se aseguraba de que el enviado de *El Sol de México* siempre tuviera un espacio en la primera fila de invitados a los actos del presidente.

Veterano periodista –nació en la Ciudad de México en 1939–, amigo de decenas de políticos priistas de distintas generaciones, Reyes Razo siempre está a unos centímetros del presidente Peña, con quien mantiene una relación cercana.

Un día Peña volvía de una gira por Haití y caminó a la parte de atrás del avión para saludar a los periodistas. Les preguntó qué les había parecido ese país e hizo un relato de lo que había visto y le había conmovido. Les recomendó leer la crónica que Reyes Razo había escrito y que aparecería al día siguiente en la edición de *El Sol de México*.

El periodista se sonrojó y dijo que Peña tenía muy buen sentido del humor, que no se fuera a creer que había leído su crónica antes de publicarla.

Al día siguiente, cuando leyeron *El Sol*, los periodistas encontraron que el relato de Reyes Razo era muy semejante al que Peña había descrito con emoción.

Maru Rojas es otra de las periodistas favoritas del presidente. Generosa y solidaria con sus colegas, un día ella se acercó al general Roberto Miranda, jefe del Estado Mayor Presidencial, para preguntarle si podía prestarle un salón para celebrar un festejo anual dedicado a los reporteros.

—¿Solo el salón? —le preguntó el general—. ¿Quieres también comida y tragos?

—Sería muy bueno tenerlo todo —respondió la reportera.

La presidencia preparó el casino militar del Campo Marte y una noche de octubre de 2014 sirvió de comer y beber a seiscientos periodistas.

***

Cuando el 1 de diciembre de 2014 el presidente se despidió y volvió a la parte frontal del avión, entre los periodistas de la fuente presidencial comenzó una discusión.

Peña pidió que no grabaran la conversación, pero autorizó a los reporteros a escribir lo que pudieran recordar de lo que había declarado en el encuentro, incluidas de manera relevante sus apreciaciones sobre los señalamientos del conflicto de interés que se elevaban sobre la casa de 7 millones de dólares que habita con su familia en las Lomas.

Un par de periodistas que trabajan para medios más críticos e independientes que el resto, había comenzado a hacer memoria y escribir en sus libretas lo que el presidente había dicho. Se preparaban a llamar a sus editores y redactar la historia, cuando el resto llegó a una decisión.

Una mayoría democrática había decidido que ningún periodista de la fuente presidencial publicara un solo fragmento, un sólo párrafo, una sola palabra de lo que el presidente había contado esa tarde, al final de un día de marchas y protestas en el segundo aniversario de su gobierno.

A las espaldas del presidente había permanecido observándolo todo en silencio, David López, coordinador de Comunicación Social de la Presidencia. Cuando el presidente se despidió, partió con él a la parte delantera del avión, donde siempre le acompañaba.

***

Al amanecer del 27 de febrero de 2015, el secretario de Gobernación, Miguel Osorio, decidió llamar al presidente atendiendo la instrucción de comunicarse con él sin importar la hora, si algo delicado llegaba a suceder. Eran las 4:00 cuando Peña escuchó el timbre de uno de sus tres teléfonos y pensó: «¿Y ahora qué pasó?».

Esta vez se trataba de una buena noticia. Osorio le contó de la detención de *La Tuta*, el escurridizo líder del cártel Los Caballeros Templarios, al que las autoridades federales no habían podido rastrear durante meses, en medio de sospechas de complicidad.

Peña vestía una moderna camisa a rayas sin corbata y lucía sonriente y relajado en una visita a Zapopan, Jalisco, varias horas después de la llamada de Osorio. En el discurso decidió contar lo que había pensado esa madrugada cuando timbró su teléfono, ante miles de hombres, mujeres y niños que repletaban las gradas de un estadio.

¿Era la primera vez que el presidente reaccionaba con ansiedad y desazón cuando una de las llamadas que recibía a lo largo del día llegaba acompañada por malas noticias?

Miembros del gabinete y de su equipo cercano recuerdan haberlo visto reaccionar de manera semejante frente a distintos episodios: la desaparición de los 43 normalistas de Ayotzinapa, el descarrilamiento de las reformas impulsadas por su gobierno y las revelaciones acerca de la casa blanca de las Lomas.

«Cuando el reportaje de Aristegui se publicó, el estado de ánimo del presidente transitó del enojo a la preocupación y otra vez a la ira durante varias semanas», me contó un alto funcionario de Los Pinos.

«¿Y ahora qué pasó?».

El pensamiento de Peña podría revelar mucho más que desesperación ante la inminencia de una crisis. Se trataba de un pensamiento que involucraba tal vez una forma de ser, de conducirse y de razonar de él y la mayoría que le rodeaba, y de quienes crecieron y se formaron políticamente en el Estado de México, una atmósfera monolítica donde las cosas nunca, ni en los peores días, solían estar fuera de control.

En su cubículo del Colegio de México, el doctor en ciencia política Rogelio Hernández Rodríguez estudia con dedicación a la clase política del Estado de México. Hace unos años siguió de cerca una de esas raras ocasiones en las que las cosas amenazaban con salirse de cauce en la tierra de Peña, el profesor Hank y los del Mazo: la disputa interna por la candidatura al gobierno estatal, un combate reducido a dos contendientes: Alfredo del Mazo, primo de Peña y miembro de una casta que había gobernado el estado por siete décadas, y Eruviel Ávila, un vidriero descastado que escaló desde la planicie las cumbres de la política.

¿Qué hizo Peña para sortear circunstancias inesperadas que podían volverse inmanejables?

«El candidato natural era Ávila y al postularlo Peña mostró un indudable control político», escribió Hernández Rodríguez al analizar aquella circunstancia.

Una mañana de abril conversé con el politólogo Hernández sobre la tesis a la que llegó después de años de estudio: es una barbaridad –sostiene– considerar la existencia del grupo Atlacomulco. Se refería al mítico reducto de poder político que durante décadas ha sido sinónimo de paternidad y catapulta de políticos que han gobernado y ostentado un gran poder, como Alfredo del Mazo Vélez, Alfredo del Mazo González, Carlos Hank, Ignacio Pichardo, César Camacho, Emilio Chuayffet y Arturo Montiel.

–No existe un grupo Atlacomulco, lo que hay es una elite política muy profesional, la más profesional en términos estatales de todas las que se han construido en el país –dijo el profesor Hernández–. Es una élite disciplinada y homogénea sin considerar valoraciones ideológicas, diferente a otros estados donde impera una realidad conflictiva, donde hay problemas mayores que a veces terminan en derrotas electorales. Aquí una homogeneidad extraordinaria ha permitido a la clase política alcanzar acuerdos extraordinarios.

Hombre de rutinas, meticuloso y disciplinado, el ADN de Peña, nacido en una geografía gobernada por el PRI como en ninguna otra –sin alternancia en el gobierno, sin equilibrios de poder, sin una oposición semejante al PAN de Chihuahua o al de Yucatán– no tolera situaciones que implican un cierto descontrol, y quizá por esa razón todo lo que lo envuelve tiende a tener ese orden extremo y previsor de las cosas inesperadas: cuando llegas caminando a Los Pinos, un par de soldados te dan la bienvenida cien metros atrás. Las sorpresas no son bienvenidas en la residencia oficial.

En ese orden controlado que se extiende a su alrededor, los asuntos de prensa del presidente –los de su imagen– recaían en la responsabilidad de algunos de sus hombres más cercanos.

***

Todos los presidentes en la historia moderna del país han tenido estrategas y todos los gobiernos han tenido una relación de influencia en la prensa, del maridaje declarado en la era López Portillo –no te pago para que me pegues–, al encantamiento de los medios y sus dueños y directivos con Carlos Salinas –excepto *Proceso* y *La Jornada*, con los que el presidente de los relojes Casio vivió confrontado–, al gobierno de Ernesto Zedillo, considerado por una mayoría como el presidente que más dejó hacer y más libertad otorgó a los periódicos, las televisoras y las radiodifusoras para hacer su trabajo.

«En ese gobierno se construyó una relación menos vertical con los medios de comunicación, desde los reporteros de la fuente hasta los directores», recordaba en mayo de hace dos años Carlos Almada, uno de los voceros de Zedillo. Aun en ese gobierno distinguido por no ejercer presión sobre los medios para influir en lo que publicaban o no o cómo lo publicaban, no dejaron de existir llamadas del poder a cargo de Liébano Sáenz, que desde la secretaría particular del presidente se convirtió en interlocutor con los propietarios, directivos y comentaristas más influyentes de los medios.

En el gobierno de Vicente Fox los medios en general se volvieron más atrevidos y un buen número de periodistas comenzó a hacer más periodismo de investigación –la periodista Anabel Hernández documentó las toallas de 4 mil pesos en las cabañas del presidente de las botas–, aprovechando las ventanas abiertas por la Ley de Transparencia y Acceso a la Información. Entonces había una comunicación fluida entre la oficina de prensa de la Presidencia y los medios, pero el reparto de la publicidad oficial dejó de estar bajo control de Los Pinos y fue transferida a la Subsecretaría de Normatividad y Medios de la Secretaría de Gobernación, que emitió lineamientos más rigurosos para romper la distribución discrecional y privilegiada reinante en los gobiernos priistas.

En la idea de restituir el poder de la Presidencia, que a su modo de ver se había debilitado con Fox, el presidente Felipe Calderón tomo algunas decisiones, entre ellas que la publicidad oficial volviera a concentrarse en la Coordinación de Comunicación Social de la Presidencia, donde Max Cortazar mantenía un rígido control sobre todas las oficinas de prensa del gobierno federal para determinar cómo se distribuirían esos recursos millonarios entre los medios.

Unos días después de ser declarado presidente electo, Peña hizo tres promesas que recogían la agenda de *Yosoy132*, el movimiento estudiantil que surgió en mayo de 2012 cuando estudiantes de la Universidad Iberoamericana cuestionaron duramente la voluntad de cambio del candidato del PRI: crear una Comisión Nacional Anticorrupción, modificar el marco legal del Instituto Federal de Acceso a la Información para dar competencia al instituto en todos los niveles de gobierno, y fundar una instancia ciudadana y autónoma para regular la contratación de publicidad entre gobiernos y medios de comunicación.

Pero con el regreso del PRI a la Presidencia, la distribución de la publicidad gubernamental volvió a concentrarse en Los Pinos. Por ejemplo, si la Secretaría de Energía tenía listo su plan anual de comunicación, debía turnarlo a la oficina de David López, esperar luz verde y después correr los trámites de rigor en la Subsecretaría de Normatividad. ¿Qué podía cambiar en el camino? La Coordinación de Comunicación Social, a cargo de López hasta marzo de 2015, cuando lo relevó Sánchez, tenía la facultad de revisar todas las propuestas de convenios de publicidad e intervenir para definir qué medios debían ser incluidos o no, y cuáles recibirían más o menos publicidad. Esto no solo podía afectar a los medios impresos y electrónicos convencionales, sino a revistas especializadas en ciencia, arte, tecnología y desarrollo rural, que con frecuencia eran marginadas para dar preferencia a medios de circulación menor, pero cercanos a la administración peñista.

Hasta marzo de 2015, cuando estalló el escándalo de Aristegui, tres eran los estrategas de prensa de Peña, un ámbito que pronto o tarde se convierte en uno de los territorios más inestables para un presidente: David López, un veterano comunicador sinaloense; Aurelio Nuño, un joven político formado en la Universidad de Oxford, jefe de la poderosa Oficina de la Presidencia, y Eduardo Sánchez, un sofisticado políglota situado justo entre sus dos compañeros en edad, que ese mes había relevado a López en la Coordinación de Comunicación de Los Pinos.

Pertenecientes a generaciones distintas, los tres eran muy diferentes. Los distinguían cualidades y formas de conducirse no solo distintas, sino también opuestas.

López era el más distinto, no solo respecto de sus colegas en el área de prensa, sino comparado con el presidente y los miembros del primer círculo de Los Pinos. Nacido en Mocorito, de 67 años, el más viejo de todos quienes estaban más cerca de Peña, ilustraba el espíritu de cohesión y profunda impenetrabilidad del equipo, un núcleo resguardado con celo para los hombres y mujeres originarios del Estado de México y apenas unos cuantos elegidos que cargaban el pecado original de la no pertenencia, pero habían probado ser leales al presidente años atrás.

López y Peña ya se conocían, pero no tenían una gran relación cuando el joven diputado local le invitó a tomar un café en el último año de su gestión legislativa. Le dijo que iba a postularse como candidato a gobernador y le invitó a sumarse a su equipo.

Desde entonces, López ya no se separó. Comenzó como una relación profesional y poco a poco se transformó en un lazo sólido hasta llegar a ser una gran amistad. Fue director de Comunicación Social del gobierno del Estado de México y después lo siguió en la campaña por la presidencia.

El más veterano en el equipo peñista encarna también a la vieja guardia de periodistas y comunicadores que nacieron cuando el país era otro y los límites entre el poder y la prensa eran una frontera difusa, salvo unos cuantos medios y periodistas más independientes que el resto. Era parte de una generación distante cuando las redacciones no se parecían en nada a las de ahora, lugares ruidosos atestados de periodistas que jugaban ajedrez, bebían como piratas y tenían amigos poderosos.

López no era un hombre culto ni un gran conversador, pero tenía esa cualidad de los periodistas de antaño que hacían amistad con medio mundo. Se rodeó de amigos periodistas en el gobierno del Estado de México, y viejo conocido de periodistas veteranos de los diarios nacionales, tendió puentes sólidos en la Ciudad de México.

Cuando partió del gobierno del Estado de México para unirse a la campaña de Peña por la presidencia, López llevó consigo a una representación singular que puede ejemplificar la importancia conferida en el gobierno peñista a la condición única de haber nacido en el Estado de México: un grupo nutrido de fotógrafos de instantáneas llegados de Toluca, que en los mítines del candidato captaban imágenes de los invitados y las vendían en menos de lo que cuesta una comida corrida en una fonda.

Amigos de López, esos fotógrafos sin redacción lo siguieron a Los Pinos, donde podían deambular sin ningún problema: la familia mexiquense no pasaba aduanas y se le permitía el acceso a los actos del presidente para tomar fotografías de los asistentes, y si había suerte, del presidente sonriendo y abrazando a sus invitados.

Poco después abrió las puertas de la residencia a otro grupo igual de peculiar: decenas de periodistas del Estado de México –y unos cuantos amigos de la capital del país– que poseían unos precarios sitios de información en internet con escasa circulación, pero suficientes para ser tomados en cuenta a la hora de distribuir la publicidad gubernamental.

Curiosamente, el principal rasgo de López, el que lo unía de manera más íntima y le otorgaba una identidad en el equipo cercano al presidente, provenía de una negación: su no pertenencia al Estado de México. López era un sinaloense que había pasado la mitad de su vida en Metepec con su esposa e hijos.

De los tres estrategas del presidente, López era quien estaba más cerca de los periodistas.

Aurelio Nuño y Eduardo Sánchez se movían en otras esferas.

Nuño de 36 y Sánchez de 50 años no son periodistas, pero los cargos estratégicos que ostentan los ha situado cerca de los medios, de quienes los poseen y dirigen. Sánchez fue vicepresidente corporativo de Asuntos Jurídicos y de Teleco-municaciones de MVS, una de las compañías de los hermanos Vargas. Abogado por la Universidad Iberoamericana, escritor de una novela, el ahora coordinador de Comunicación Social de la Presidencia es un hombre refinado que habla inglés y francés, tiene una cultura importante y un trato que le ha per-mitido acercarse al poder político y al poder empresarial.

En la campaña por la presidencia, una preocupación ca-pital rondaba a Nuño, Sánchez y López: lo que publicarían dos de los medios que viajaban con Peña, los periódicos *Reforma* y *La Jornada*, que veían como críticos e independientes. Los reporteros enviados a los recorridos del candidato recibían una suerte de marcaje personal que no consistía en corromperlos ni censurarlos, sino en darles algo de información –no mucha en realidad– y sobre todo en pasar casi todo el día con ellos para transmitir el mensaje que los comunicadores del candida-to deseaban que se reflejara en las páginas de sus diarios.

No era infrecuente que Nuño y Sánchez alzaran el teléfo-no y llamaran a los directivos cuando creían que era necesario subrayar la importancia de que una foto, cierto mensaje o par-tes de un discurso aparecieran en las páginas de los diarios. La estrategia funcionó y durante la campaña *Reforma* y *La Jornada* no desplegaron muchas noticias que confrontaran o incomodaran al candidato, en lo que los hombres del presidente llamaban «escenarios controlados» –giras, conferencias de prensa y encuentros con grupos sociales–. Los peores días de la campaña para Peña transcurrieron fuera de ese ambiente cuidado: su visita a la Universidad Iberoamericana, en medio de abucheos y cuestionamientos de los alumnos, un capítulo que el diario propiedad de Alejandro Junco difundió de manera profusa.

Y cuando ese momento crítico llegó, entonces, como había ocurrido antes y como sucedería después, los estrategas del candidato se movilizaron. La operación de control de daños estuvo a cargo de López, que apoyado en Calleja llamó ese día no solo a los medios incómodos para el candidato sino a todos los demás.

En mayo de 2013, seis meses después del inicio del gobierno, el coordinador de Comunicación de la Presidencia, López, dio una instrucción a Sánchez, que se había mudado de la Subsecretaría de Normatividad de Medios en la Secretaría de Gobernación a la vocería del gobierno federal, una instancia dependiente de la jefatura de la Oficina de la Presidencia, a cargo de Nuño: «Hazte cargo –le dijo– de la relación con *Reforma*».

Apoyado quizá en una añeja cercanía entre los hermanos Vargas, dueños de MVS, la empresa para la cual trabajó varios años con Alejandro Junco, propietario de *Reforma*, Sánchez había comenzado a construir un tiempo atrás un sólido puente de comunicación con Lázaro Ríos, presidente editorial de Grupo Reforma, los ojos y los oídos de Junco en Austin, Texas, a donde se mudó hace unos años por motivos de seguridad.

El objetivo principal de Sánchez era impulsar con los directivos de *Reforma* un *spin* –una forma moderna de influencia de un gobierno en los medios para transmitir un mensaje– para persuadirlos de que el gobierno peñista era diferente a sus predecesores porque estaba dotado en forma y fondo de una manera distinta de hacer política, respaldada en los consensos y no en la imposición, por nuevos políticos y nuevas ideas para hacer avanzar al país.

En los primeros meses del gobierno, *Reforma* mostró una actitud de apertura para ver de qué estaba hecho el gobierno priista que había vuelto a Los Pinos bajo sombras de ilegitimidad, y publicó sin regateos el Pacto por México y lo significativo que representaba para el país que los principales partidos hubiesen llegado a consensos para aprobar reformas, quizá el mayor fracaso de las administraciones encabezadas por Fox y Calderón.

René Delgado, director editorial del diario, escribió que decisiones y acciones de forma y fondo, bien tomadas y bien ejecutadas, aún desde antes de tomar el poder, cambiaron rápida y en forma favorable la percepción sobre Peña. «Hasta ahora ha dejado ver que se siente, se conduce y se desempeña como presidente». Planteó, sin embargo, que aún estaba por confirmarse si se mantendría la pretensión de reformar el poder o solo de retocarlo o reconcentrarlo.

***

Cinco semanas después de que Peña y los periodistas charlaron en el avión presidencial en diciembre de 2014, Aristegui se sentaba a conversar sobre periodismo independiente, periodismo de investigación, censura y autocensura.

Dijo que siempre había deseado y tratado de ser consistente en su obligación con la audiencia, y una de esas características es que su principal motor de actuación es el público que tiene derecho a saber.

> Me siento obligada a informar, y de manera permanente surgen en todas partes impulsos para evitar a un periodista decir lo que quiere decir y para evitar que cumpla su obligación de informar. Si no estás dispuesto a ceder para que eso fundamental, que es tu libertad de expresión se limite, entonces viene la censura y aún más, la autocensura. Hay elementos que contribuyen a que la libertad de expresión no sea plena. Tenemos una reforma en telecomunicaciones y pese a ella existe un sistema duopólico que por naturaleza no favorece el libre ejercicio del periodismo y las ideas. Es un tema estructural no resuelto. Ya veremos si la digitalización le da a México un modelo distinto, pero lo que hoy existe no favorece ni es el mejor diseño para el periodismo independiente, crítico y para la libertad de expresión.

Aristegui recordó lugares del país donde un periodista puede perder la vida si publica algo que enfade al cacique, o puede desaparecer, como acababa de ocurrir con Moisés Sánchez Cerezo, en Veracruz. Si eso ocurre y se acumulan los casos y no se resuelve nada, todo esto se convierte es un gran inhibidor de la libertad de expresión.

> Si matan periodistas y no se resuelve, esa conducta se repetirá y afectará el ánimo, la conducta y el desempeño de un montón de reporteros que tratan de decir lo que se pueda, pero si al de al lado lo desaparecieron y no pasó nada, la impunidad es una invitación a seguir cometiendo estas prácticas que inhiben el periodismo de investigación. En México muchas cosas conspiran contra una floreciente libertad de

expresión. Eso no resta méritos a colegas que hacen grandes trabajos e investigan. Hay censura, autocensura y un diseño inapropiado para favorecer esta libertad que permita que los ciudadanos puedan ejercer su derecho a estar informados, a debatir, a opinar, a exigir a los poderes rendición de cuentas. Todo eso junto es el gran desafío. Tenemos más cosas de las cuales dolernos, que para celebrar.

Cuando le pregunté sobre el gobierno del presidente Peña y su relación con los medios, Aristegui citó un elemento esencial desde su forma de ver las cosas: el dinero público que se reparte de manera discrecional entre los medios de comunicación:

Tenemos una promesa incumplida de Peña Nieto y en particular de su secretario de Hacienda cuando era coordinador de campaña Prometieron que iban a reglamentar el uso del dinero público en medios de comunicación. Lo pusieron en un decálogo. Es evidente que la zanahoria y el garrote es un elemento distorsionador del trabajo de la prensa. Porque si la existencia y la sobrevivencia y la bonanza dependen de un dinero que se da discrecionalmente, es un problema enorme. Lejos de cumplir lo prometido han agregado más millones a la mesa. Eso afecta la manera en la que los medios de comunicación ven a un gobierno y enfatizan o no alguna información, pueden ser susceptibles de recibir alguna sugerencia desde el poder político que distribuye recursos millonarios y que puede estar deseoso de que un medio haga o no una publicación, diga o no un asunto, elimine o no una noticia, la mande o no a interiores, quite o no una fotografía, desista o no de una investigación. Ha corrido dinero en serio. Mares de dinero.

***

Atrás de David López, en una oficina contigua de Los Pinos, se encontraba un personaje menos visible pero estratégico en la operación con los medios: Roberto Calleja, un viejo amigo del sinaloense que participó en las campañas de los candidatos del PRI a la presidencia desde Miguel de la Madrid hasta Ernesto Zedillo, director de Difusión de Pemex y once años coordinador de Comunicación en el IMSS antes de llegar al equipo de Peña en 2007, en el gobierno del Estado de México.

Calleja era un funcionario quizá más asediado por los periodistas que otros hombres en el primer círculo de Los Pinos por una razón: los propietarios y directivos de medios que desearan una tajada del codiciado reparto de la publicidad de gobierno –6.2 mil millones de pesos en 2015, casi lo mismo que el presupuesto de la Universidad Autónoma Metropolitana con sus 52 mil alumnos y 3 mil profesores– debían tocar la puerta de su oficina.

López tenía bajo su control la distribución de los fondos de la propaganda oficial, pero siempre al lado del presidente en eventos y giras dentro y fuera del país, confiaba en Calleja la discreta y delicada tarea de partir ese gigantesco y enigmático pastel.

La forma de trabajo de Nuño y Sánchez podría corresponder con lo que el politólogo Hernández Rodríguez llama una élite disciplinada y homogénea, aun cuando, a diferencia de una inmensa mayoría de mexiquenses alrededor de Peña, sus orígenes no se remontaban al Estado de México, y en consecuencia tenían un estilo y una manera diferente de pensar y de conducirse para cumplir sus tareas alrededor del presidente.

Nuño es descrito por sus colaboradores más cercanos como un político cordial y amable, que aún en las circunstancias más complicadas guarda las formas –algo que lo hace muy parecido a su jefe– y al mismo tiempo como un hombre que transmite lo que piensa sin rodeos, de manera franca y directa. En Oxford se le recuerda como un buen alumno que no ocultaba sus filias partidistas y que solía sostener acalorados debates y apasionadas defensas del PRI ante amigos y maestros que pensaban diferente.

Despacha en una oficina amplia de un edificio de reciente construcción frente a la residencia Lázaro Cárdenas, como jefe de la Oficina de la Presidencia, un espacio creado por Carlos Salinas de Gortari para José Córdova Montoya, el hombre más influyente en un presidente en los últimos sexenios.

El joven maestro en Estudios Latinoamericanos por la Universidad de Oxford tenía a su cargo una amplia estructura dentro de Los Pinos que incluía la coordinación de Estrategia y Mensaje Gubernamental, a cargo de Andrés Massieu; la coordinación de Estrategia Nacional Digital, dirigida por Alejandra Lagunes; la secretaría técnica del Gabinete, con Roberto Padilla; la coordinación de Opinión Pública, al mando de Rodrigo Gallart; la coordinación de Ciencia y Tecnología, de Bolívar Zapata, y la coordinación de Crónica Presidencial, con Héctor Herrera al frente.

Las tareas de Nuño se extendían fuera de la oficina a servir como puente y negociador del presidente con los actores políticos del país –es conocida su gestión en la firma del Pacto por México– y también a cuidar la imagen y el mensaje de Peña en los medios, dentro y fuera del país. Un interés de primer orden para el presidente reclamaba una buena parte del tiempo limitado de su influyente co-laborador: moverse con destreza con los corresponsables extranjeros, cosa que había hecho desde la campaña, para impulsar la agenda y el mensaje del gobierno en Londres, Nueva York, Madrid y Washington DC, entre otras capitales de noticias en el mundo.

Dentro del equipo del presidente había equipos y era claro que en temas de prensa había dos grupos que opera-ban de manera diferente: el de López y Calleja y el de Nuño y Sánchez.

Los dos veteranos de prensa hacían su trabajo a partir de viejos métodos y su relación con los medios se limitaba a la de un jefe de prensa de los años ochenta: un contacto estrecho con los periodistas de la fuente presidencial y los directivos y editores a quienes hacían –casi siempre Calleja, en menor medida López– llamadas casi todos los días para discutir cosas muy elementales: si estallaba un asunto que afectara al presidente o al gobierno, pedir que se le restara importancia y si el presidente pronunciaba un mensaje que creían relevante, solicitar que fuera presentado en primera plana y en los espacios más importantes de los noticieros de radio y televisión. Entendían poco de redes sociales y de prensa internacional y sus labores en esas áreas eran casi inexistentes.

Las llamadas desde la Coordinación de Comunicación Social transcurrían en tonos diferentes. Podían ser secas y groseras en algunos casos, o corteses y contenidas –aunque no menos exigentes– con los directivos de otros medios.

Una tarde que había recibido un par de visitas, Roberto Calleja, director nacional de Prensa de Los Pinos, hizo tres llamadas a los diarios *Reforma*, *El Financiero* y *El Universal*.

Al hablar con uno de los directivos de *Reforma*, Calleja fue amable pero incisivo.

«Nos mandaron hasta adentro. Queremos ver al presidente en la primera plana de *Reforma*».

Con los otros directivos el viejo periodista fue más directo.

«Ya habíamos quedado en algo. ¿Qué está pasando? Por favor hazte cargo».

Estudioso y metódico como su jefe, Nuño –y después Sánchez de manera muy intensa– echaban a andar estrategias más sofisticadas que rebasaban la cotidianidad de llamar solo para inconformarse o solicitar. Lo suyo era un trabajo más elaborado, apoyado en una revisión cuidadosa y pormenorizada de lo que se escribía y se decía del presidente, una evaluación más honda de situaciones, escenarios y perspectivas para anticiparse a posibles crisis y controlar daños si era necesario. Esa tarea se cumplía de manera puntual y dedicada con el respaldo de unas gruesas carpetas elaboradas por un departamento de monitoreo, un análisis meticuloso de lo escrito sobre Peña, sobre todo en *Reforma* y *La Jornada*. Las revisaban a conciencia y se comunicaban con los directivos para impulsar el mensaje que al gobierno le interesaba transmitir a la sociedad.

Algunas de esas llamadas eran para discutir el titular de un texto que no correspondía con el contenido o para protestar porque una nota publicada era, desde su punto de vista, una interpretación del periodista que no correspondía con la realidad. En otras, las más frecuentes, para pedir que cierto mensaje del presidente o del gobierno ocupara un espacio relevante en el diario del día siguiente. Y también en ciertos asuntos complejos para la administración peñista

–para el presidente y su imagen–, con el fin de solicitar que no se le diera importancia o, aún mejor, que no se publicara.

El departamento de monitoreo también vigilaba de cerca a Aristegui y enviaba a los celulares de los estrategas de prensa de Peña un análisis diario acerca de lo dicho por la conductora en la *Primera Emisión*, que pudiera tener algún efecto en la imagen del presidente Peña o del gobierno.

7

Pleitos y deudas en Los Pinos

E l presidente Enrique Peña observó la escena —la discusión, los gritos, la pelea— hasta que no pudo contenerse. Levantó la mano, golpeó la mesa con fuerza y todos los reunidos en Los Pinos voltearon a verlo.

«¡No voy a permitir esto!», alzó la voz el presidente, que visto por sus colaboradores más íntimos es un hombre cortés y sereno, capaz de guardar las formas hasta en los momentos de mayor tensión.

Ese día, una tarde de octubre de 2013, los miembros del gabinete legal y ampliado lo miraron perder la paciencia, estáticos y en silencio, en un salón de la residencia oficial.

Un instante antes, David López y Luis Videgaray habían sostenido una acalorada discusión delante de todos acerca de un asunto que era lluvia ácida sobre el ensueño que vivía el gobierno peñista: las reformas estructurales aprobadas en el histórico Pacto por México se marchitaban, y no a causa de la crisis económica, sino porque el dinero, cientos de millones de pesos listos para desatar una gran campaña publicitaria, no aparecía por ninguna parte.

Nadie podía explicar dónde estaban esos fondos. Y todo indicaba que no se trataba de lo único extraviado.

Desde que había llegado a Los Pinos en diciembre de 2012, el gobierno de Peña adeudaba a los medios el pago de publicidad en los días de la campaña por la presidencia, más un acumulado de diez meses de lo que se había desplegado en el transcurso de la administración.

López culpó a Videgaray y el secretario de Hacienda se defendió diciendo que había liberado los presupuestos y que no era él quien retenía el dinero. La discusión creció hasta que ambos alzaron la voz, se hicieron acusaciones y el presidente paró el pleito con un manotazo sobre la mesa.

Al salir de Los Pinos, los miembros del gabinete legal y ampliado interpretaron de diferentes modos lo que habían presenciado. Unos recuerdan a Peña diciendo que no permitiría a nadie poner en duda al secretario de Hacienda. Para otros la reacción inesperada del presidente era una advertencia de que no aceptaría peleas en su equipo.

En donde no cabían dudas era en el origen de la disputa entre López y Videgaray: lo que Carmen Aristegui había llamado mares de dinero en la relación prensa-gobierno, se había transformado a lo largo de 2013 en un pantano seco donde los medios intentaban sobrevivir con penurias porque la crisis no cedía, la publicidad comercial no repuntaba y el pago de la propaganda oficial no aparecía por ninguna parte.

En medio del escarceo, Carmen Lira, directora de *La Jornada*, envió un mensaje a Los Pinos: si no se le pagaba lo que se le debía en publicidad oficial, el diario retiraría a la periodista Rosa Elvira Vargas de la cobertura diaria de la presidencia. El monto pendiente por cubrir a *La Jornada* equivalía a cuatro meses de la nómina completa del periódico propiedad de 150 asambleístas. En *Reforma* también se tomó una decisión: no firmar contratos de publicidad a largo plazo, ni otorgar créditos al gobierno. Si querían una plana de propaganda, hicieron saber a Los Pinos, debían pagar por anticipado.

¿Quién de los dos funcionarios, ambos muy cercanos al presidente, decía la verdad? ¿Cuál de ellos mentía?

Si Videgaray faltaba a la verdad, entonces quería decir que Hacienda había retrasado la entrega de esas partidas por algún motivo vinculado a las prioridades que otorgaba en la distribución del presupuesto, una denuncia permanente en alcaldías y gobiernos de los estados.

Si López mentía, entonces quizá había una oculta y poderosa razón para asfixiar desde la oficina de prensa de la presidencia a los medios, no pagándoles lo que se les debía.

En Los Pinos, entre gritos y la violenta reacción del presidente, al centro de la mesa se encontraba el pastel gigante de los millonarios recursos en publicidad que cada mes David López se encargaba de cortar y repartir. Una tarta apetitosa que, por lo visto, se enmohecía sin que los invitados pudieran probarla siquiera.

El motivo del pleito en Los Pinos había sido, además del dinero extraviado para publicitar las reformas estructurales, una vieja protesta general de los dueños y los directivos de la mayoría de medios: el *no pago para que me pegues* de López Portillo extrapolado al *debo no niego, pago no tengo* —o ¿no quiero?— en la administración peñista. Eso y unas preguntas: ¿por qué el gobierno retrasaba la cobertura de los adeudos? ¿Lo hacía de manera deliberada? ¿Por qué?

Eso se preguntaban en las redacciones meses atrás, mientras los directivos de algunos medios consolidaban alianzas estratégicas que les evitaran una situación de crisis mayor.

Reforma y *La Jornada*, los dos diarios más incómodos para el gobierno peñista –*Proceso* y Aristegui desde luego preocupaban, pero existía claridad de que ahí no existía margen de negociación– habían fomentado desde hacía varios años atrás un vínculo importante con un empresario que, a diferencia del gobierno de Peña, pagaba bien y con puntualidad: Carlos Slim, el hombre más rico del mundo ese año.

Slim jugaba un papel de contrapeso en ambos diarios. Si *Reforma* perdía anunciantes –presumían sus directivos– a consecuencia de las presiones ejercidas por el gobierno federal, el accionista mayor de *The New York Times* aportaba al diario más de una cuarta parte de la publicidad que recibía.

Si *La Jornada* pasaba por serios problemas financieros, que en la primavera de 2015 la orillaban a abrir una discusión interna sobre la posibilidad de reducir los salarios de todos sus empleados para evitar despidos, unos meses atrás, cuando los problemas ya tocaban la puerta, Slim había tenido la generosidad de ofrecerse a comprar el diario por 75 millones de dólares.

En esa atmósfera extraña, entre la molestia de los directivos de los medios por las deudas en publicidad y las llamadas insistentes desde la presidencia, el año de gloria que fue 2013 para el gobierno peñista –la joya recién exhibida del Pacto por México– se fue extinguiendo sin que los problemas de dinero se resolvieran, hasta que llegó el otoño y con el agua al cuello los medios se inconformaron de modo más abierto, el asunto llegó a Los Pinos, López y Videgaray se enfrentaron y el presidente asestó un golpe de mano sobre la mesa.

Unos días después del incidente, en los medios comenzaron a caer los pagos demorados por meses, y también los que permitieron echar a andar una intensa campaña dirigida a realizar los beneficios que significaban las reformas aprobadas en los últimos meses.

Al final del año, el gobierno dirigió alrededor de mil millones de pesos a la promoción de las reformas energética, educativa y hacendaria. Con 229 millones, *El Sol de México* fue el periódico que más publicidad recibió. La administración peñista pagó contratos por 150 millones de pesos a Televisa, de acuerdo con la información obtenida por *Sin Embargo* a través de distintas solicitudes vía Infomex, el sistema de información pública del Gobierno Federal, y más de un millón de pesos para que el Libro Vaquero –sí, la historia de vaqueros y mujeres desnudas– difundiera los logros de gobierno en sus páginas.

Una mañana de abril le pregunté a Raúl Trejo Delarbre, un reconocido y mesurado analista de los medios de comunicación, sobre los mares de dinero que Carmen Aristegui veía como motivo principal de una pervertida relación entre la prensa y el Estado. Trejo, un hombre muy alto y serio que se conduce con prudencia monástica, señaló años atrás la falta de rigor en algunos trabajos de la periodista, pero tras su despido de MVS había lamentado la cancelación de una voz que consideraba necesaria para el equilibrio y la democracia.

–En México debería desaparecer la publicidad oficial –dijo Trejo sin dudar un segundo–. Los medios están tan acostumbrados que no se imaginan sin ella. En Estados Unidos es impensable que *The Washington Post* publique una inserción pagada de Obama inaugurando carreteras. Tampoco existe en Europa y en Canadá esta promoción del gobierno con cargo a los contribuyentes. En África es un problema, como lo es en América Latina. Y si no podemos prescindir de la publicidad, por lo menos hay que reglamentarla. Lo peor es que siga ocurriendo una asignación discrecional para la promoción personal de los funcionarios. Todos los gobernadores de izquierda y derecha se anuncian en estados pobres como Guerrero y Oaxaca, e instituciones idealmente ajenas a la necesidad de la autopropaganda, como la UNAM y la Comisión de Derechos Humanos, gastan millones de pesos en esto.

–¿Los medios han aprendido a ejercer la libertad?

–Han aprendido a hacer negocio. Y con frecuencia, la libertad es negocio. Muchos años tuvimos medios subordinados a intereses del gobierno. El negocio era ser complaciente, pensar en que había un solo lector y no una sociedad plural. Ahora la diversidad es redituable para los medios. La variedad de puntos de vista es atractiva en un mercado donde compiten por publicidad y audiencias. Eso han aprendido los empresarios, sin olvidar los años de supeditación del Estado, que por otra parte no deja de presionarlos.

***

La tarea de seguir día a día y analizar lo que difundían los medios no se circunscribía solo a la prensa. En Los Pinos se vigilaba en forma escrupulosa todo lo que involucraba al presidente, pero fuera de ahí se revisaba también a conciencia la información delicada que más podría afectar al gobierno. Una de esas zonas negras tenía que ver con el narcotráfico y de manera especial con Milenio TV.

La noche del 1 de julio de 2012 todo estaba listo para una gran fiesta en el edificio del diario *Milenio*, en las viejas instalaciones del legendario deportivo *La Afición*. Había música, canapés y bebidas, pero conforme la noche se consumía y se conocían los números oficiales de la elección de presidente, el ánimo comenzó a decaer hasta que la celebración terminó envuelta en un silencio de funeral.

Cerca de la medianoche, Leonardo Valdés, presidente del Instituto Federal Electoral, apareció para anunciar que los resultados del conteo rápido decían que el candidato Enrique Peña había obtenido hasta ese momento 37.93% y Andrés Manuel López Obrador 31.86% de la votación, una diferencia de alrededor de 6 puntos que contrastaba una inmensidad con los pronósticos de la última encuesta presentada por Milenio TV, que había concedido 18 puntos de diferencia a Peña.

La encuesta Milenio Gea/ISA había fallado de manera estrepitosa. En las horas siguientes las redes sociales crucificaron al grupo mediático presidido por Francisco González, miembro de una familia de empresarios dedicados a los medios hace siete décadas, y abrazaron con el peor de los denuestos a Ciro Gómez Leyva, conductor estelar del noticiero por televisión. Se les acusaba de manipular la percepción con los inexplicables números de sus encuestas reproducidos por cien días consecutivos, con la intención de favorecer al candidato del PRI a la presidencia.

«Una disculpa a nuestros televidentes y lectores leales compañeros en estos meses de travesía. Fallamos en lo más valioso, la precisión informativa», dijo Gómez Leyva horas después. Había elevado el tono de la voz y sacudido las manos sobre el escritorio. Más que abatido parecía furioso con la pifia rotunda de las encuestas. Asumió el error y anunció que *Milenio* se retiraba del mundo de los sondeos electorales.

Las encuestas eran una de dos apuestas de Gómez Leyva, un periodista veterano, fundador de *Reforma* y parte de la aventura de Canal 40, un hombre de trato comedido que, en el papel de conductor de Milenio TV, se transformaba en un personaje distinto; un buen escritor de historias que llevadas a la pantalla adquirían una catadura diferente con la cadencia y las tonalidades de su voz, y unos notables arrebatos de histrionismo ante las cámaras.

El otro gran proyecto de Gómez Leyva era el *ejecutómetro*, una propuesta insertada como anillo al dedo en el imaginario de asuntos delicados para el gobierno peñista: un conteo diario de todos los muertos en circunstancias que no dejaban lugar a dudas de que se trataba de asesinatos cometidos por el narcotráfico y el crimen organizado.

El *ejecutómetro* tenía dos grandes problemas: iba a contracorriente de la mayoría de medios, que desde el inicio del gobierno de Peña habían dejado de contar muertos como lo hicieron seis años en la administración de Calderón, y transitaba por un andén opuesto a la narrativa oficial en el sentido de que el tema de la seguridad y el narcotráfico estaban en camino a ser resueltos.

En la Secretaría de Gobernación, institución responsable de los asuntos de seguridad nacional, una oficina se encargaba de hacer una revisión minuciosa y exhaustiva del programa conducido por Gómez Leyva. La lente podía hacerse más precisa cuando se trataba de analizar lo que el noticiero presentaba acerca del número diario de muertos, decapitaciones, desapariciones y ajustes de cuentas del narcotráfico.

En octubre de 2013, Gómez Leyva renunció a su puesto de conductor en Milenio TV.

«Aquí contamos día a día la guerra contra el crimen, tristemente la mayor historia periodística de este lustro. Aquí tomó forma el tan controvertido pero indiscutible índice de ejecuciones», dijo Gómez Leyva al despedirse del programa.

En *Milenio*, en la calle, en las otras redacciones, la versión era que los propietarios del diario habían entregado la cabeza del conductor.

***

La firma del Pacto por México, tras dos sexenios de intentos fallidos por alcanzar un acuerdo consensuado por el gobierno federal, el Congreso y todos los partidos políticos, había colocado al presidente Peña en una posición de fortaleza, brillo y popularidad, y entonces, desde la presidencia comenzaron a surgir llamadas a los medios.

Eran comunicaciones en tonos distintos, pero con un mismo fin: persuadir a los medios de desplegar los mensajes y de manera sobresaliente la imagen del presidente. Este último tema era toda una obsesión entre la gente de prensa de la residencia oficial, sintetizada en un hecho que no dejaba espacio para dudas: en el avión que trasladaba a Peña dentro y fuera del país, viajaban no uno, ni dos, ni tres fotógrafos.

Eran siete los que le acompañaban siempre para captar fotografías del rostro de Peña en todos los ángulos posibles, que luego eran posteadas en la página web de la presidencia y distribuidas en los medios. A los directivos de *Reforma* les resultaba curioso –y quizá revelador al mismo tiempo– que por lo menos en el primer año de gobierno, en Los Pinos se pusiera tanto esfuerzo en transmitir una preocupación cuyo principal objetivo no era cuidar el mensaje, sino la imagen del presidente.

En el trabajo de Nuño, Sánchez y López había aparecido un contraste claro como el día y la noche: mientras los medios internacionales dedicaban grandes espacios a elogiar el *momento México* y parecían muy entusiasmados por los vientos de transformación que soplaban en el país, los medios mexicanos, incluso los más afines al gobierno del presidente, no se veían muy convencidos y en sus páginas editoriales un número importante de intelectuales, periodistas y escritores se mostraban escépticos y criticaban las reformas estructurales.

En el ánimo de los periodistas extranjeros habían coincidido dos cosas: la mayoría estaba exhausta de reportar a sus medios las muertes y desapariciones que habían devorado su tiempo y su agenda los últimos años, y una relación fluida con Aurelio Nuño, quien los citaba en la Oficina de la Presidencia cada dos o tres meses para hablarles con paciencia y detalle sobre los planes del gobierno para transformar el país.

Las peticiones del área de prensa de la presidencia a los medios se hicieron más regulares y adquirieron un tono más persuasivo conforme los meses pasaban, los beneficios de las reformas del Pacto por México no terminaban de comprenderse o de ser publicitados como se debía, y el narcotráfico y la inseguridad no dejaban de producir problemas.

Un día de julio de 2014, cuando el presidente Peña y su gobierno aún vivían los mejores días desde que habían llegado a Los Pinos —en febrero la revista *Time* había llevado a su portada la famosa fotografía de Peña en pose de moderno Supermán bajo el título «Salvar a México»—, Roberto Calleja llamó por teléfono a un directivo de un diario. No le pareció que un reportero hubiera escrito una historia en la que hacía un comparativo entre las 266 promesas que Peña había hecho en su campaña y una veintena cumplida en la presidencia.

Cuando el funcionario colgó el teléfono, el directivo pidió al periodista que, por favor, no volviera a hacer interpretaciones sobre las acciones de gobierno y del presidente. Que se limitara a escribir estrictamente los mensajes de Peña.

En otra ocasión, López se comunicó con un directivo para protestar porque un reportero había escrito un texto que analizaba la respuesta de Peña a una organización empresarial sobre el alcance de las reformas aprobadas en su gobierno. La historia revisaba a profundidad los argumentos y el contenido de lo expuesto por el presidente y concluía que en realidad no había respondido lo que los hombres de negocios le habían preguntado.

En el verano de 2014 había una poderosa razón para que los medios fueran receptivos a las solicitudes de la oficina de comunicación del presidente: estaba por llegar agosto y, como había ocurrido un año antes, el gobierno federal no había pagado un solo peso de los convenios de publicidad contratada desde que había iniciado el año.

***

Los últimos tres meses de ese año resultaron una pesadilla para el gobierno. La desaparición de los 43 normalistas de Ayotzinapa a finales de septiembre y después la publicación de la casa blanca de las Lomas hicieron aparecer al presidente en descontrol y titubeante. El escándalo por lo ocurrido en Guerrero era de tal magnitud que todos los medios hicieron uso de los recursos necesarios para seguir el asunto.

La mayoría envió periodistas a Iguala y desplegó planas y planas para informar sobre la crisis, mientras los medios internacionales, hasta hacía unos meses entusiasmados con la idea de pasar la página y dar cuenta de noticias que no fueran más muertes ni desapariciones, volvían a reportar una tragedia.

En diciembre, dos días después del segundo aniversario de Peña en el gobierno, el periodista neoyorquino Francisco Goldman escribió para la célebre revista *The New Yorker* que el ejemplo más claro de corrupción en el momento era el presidente Peña, quien no podía explicar de manera creíble cómo un joven servidor público, parte de una familia de clase media, había logrado acumular tanta riqueza.

«La más publicitada (aunque no la única) evidencia de su riqueza es la mansión de 7 millones de dólares que, según el presidente, pertenece a su esposa, una actriz de telenovelas que no ha trabajado desde 2007», escribió Goldman. Era el tercer reportaje que escribía para la revista, desde la desaparición de los normalistas de Ayotzinapa.

El reportaje escrito por Goldman era el tipo de texto que podía hacer enfurecer a los hombres del presidente, sobre todo a los internacionalistas, a quienes hablaban otros idiomas y se habían educado fuera del país.

Cuatro semanas después, la revista *The Economist*, una de las publicaciones extranjeras que había recibido con más entusiasmo las reformas estructurales y apoyado abiertamente al último presidente del PRI, presentó un duro editorial en el que citaba que la última vergüenza del gobierno era una revelación de *The Wall Street Journal* sobre una propiedad que Peña había comprado a un contratista que ganó obras de gobierno, a lo que siguió el descubrimiento de que el secretario de Hacienda había comprado una casa con una hipoteca de una compañía de Grupo Higa, de Juan Armando Hinojosa, el empresario que había entregado una hipoteca a la esposa del presidente sobre el «palacio privado» que habitaban en las Lomas.

«Peña y Videgaray insisten que no hicieron nada ilegal –dijo la revista–. No han entendido el punto. En las democracias modernas como a las que aspira a sumarse México, los acuerdos de mutuo beneficio en las que parecen haberse comprometido con grupo Higa son consideradas un comportamiento inaceptable.»

«Si son serios en el compromiso de combatir la corrupción y los conflictos de interés, los líderes políticos de México podrían voltear a ver a Brasil», advirtió *The Economist* en referencia al escándalo de 4 mil millones de dólares ferozmente investigado por jueces y cortes independientes en el país sudamericano.

El editorial, enmarcado por una ilustración de Peña con la cabeza cubierta por una nata de humo negro, terminaba con una frase que se convertiría en *trending topic* en unas horas: «No entienden que no entienden». México, sostenía la publicación, merece algo mejor.

Poco tiempo después, Henry Tricks, jefe del buró regional de *The Economist* en México, un londinense vegetariano que ha vivido con intermitencia en el país desde hace casi dos décadas, llegaba a Los Pinos para asistir a una de las citas privadas que cada dos o tres meses sostenía con Aurelio Nuño, el poderoso jefe de la Oficina de la Presidencia.

Con los corresponsales extranjeros también había una variación importante en el tono y la forma en la que Nuño y Sánchez se aproximaban a ellos. Era un trato comedido y respetuoso.

Nuño y Tricks hablaron de la situación del país, de los problemas y cómo el gobierno los enfrentaba. Nuño no dijo nada sobre lo publicado y fue el corresponsal quien le preguntó si no tenía nada qué decir sobre el texto que había causado tanto revuelo, aquel que decía que el gobierno peñista podría aprender del caso brasileño lecciones de cómo combatir la corrupción, y que partía de una idea alrededor de Peña: «Un presidente que no entiende que no entiende».

–Muy bien –le dijo Nuño– ya que tú lo mencionas, estamos muy enojados.

El presidente y su administración estaban muy decepcionados de la prensa local e internacional, porque pensaban que eran los periodistas y los medios los que no entendían absolutamente nada de lo que estaba haciendo el gobierno para resolver los problemas y transformar al país.

8

Hasta aquí llegamos, Carmen

E**l 15 de marzo de 2015 los hermanos Vargas llegaron a la comida familiar que celebraban cada ocho días. Era un domingo como todos, pero en realidad no lo era. Nadie sonreía y antes de que se sirviera el primer plato, la mesa era una congregación de gritos y recriminaciones.

«Te lo advertí.»

«Se los dije.»

«¿Y ahora qué?»

Joaquín Vargas tomó el celular y llamó a Carmen Aristegui.

–Carmen, habla Joaquín Vargas. Quiero preguntarte si te mantienes en lo mismo.

–¿En lo mismo?

–Si te mantienes en renunciar si no reinstalamos a los dos periodistas.

–Sí, Joaquín, me mantengo en lo mismo.

–Entonces hasta aquí llegamos, Carmen.

La víspera, Aristegui había citado a la mayoría de los miembros de su equipo a la casa de San Jerónimo. No había recibido ninguna respuesta al discurso del viernes y todos intuían que era muy difícil que la familia Vargas aceptara reinstalar a Lizárraga y Huerta y que el lunes en la *Primera Emisión* todo volviera a la normalidad.

El historiador Lorenzo Meyer se lo había advertido a Aristegui más de una ocasión desde que publicó la historia de la casa blanca, y varias veces la conductora había transmitido el mensaje a sus colaboradores: era probable que en cualquier momento sucediera algo que precipitara su salida de MVS. Ese momento había llegado la tarde del domingo 15 de marzo.

La decisión se había tomado desde el viernes. Joaquín Vargas escuchó el programa y cuando la periodista dijo que era una condición irrenunciable el regreso de los reporteros despedidos, pidió a su secretaria que hablara por teléfono a los directivos y accionistas principales de MVS y por la tarde presidió una junta con carácter de urgente.

Alrededor de las 17:00 los accionistas de la empresa acordaron rescindir el contrato de Aristegui, renovado dos meses atrás. A esa hora del viernes los abogados de los Vargas emprendieron la misión imposible de localizar un notario que estuviera en disposición de levantar testimonio de los hechos.

El sábado por la mañana Aristegui llamó a algunos miembros del equipo a reunirse en su casa. Por la tarde llegaron Miret, Cabrera, Camarena y Maciel. Lizárraga, Huerta y Barragán habían hecho planes familiares para aprovechar el puente del inicio de la primavera. Vestían ropa deportiva y conversaron hasta la medianoche.

El domingo la conductora volvió a convocarlos y por la tarde llegaron casi todos. Los integrantes de la unidad de investigaciones habían trabajado a lo largo del día el texto sobre la casa del secretario de Hacienda en Malinalco, con la idea de grabarlo el lunes. Cabrera decidió no cancelar un boleto para asistir al Vive Latino, porque no quería perderse a Garbage. Llegó alrededor de las 20:30 y se encontró con malas noticias.

Un notario y cinco hombres habían llegado a la casa de la conductora y dejado en un arbusto la notificación oficial en la que se le informaba que Noticias MVS había decidido cancelar el contrato que ambos habían renovado cada año, desde 2009.

La comunicación no decía nada sobre el equipo de la periodista. No sabían si los despedirían al día siguiente o si no los correrían, pero les harían la vida imposible. Revisaron varios escenarios posibles e inciertos.

–Me daba mucho miedo quedarme atrapado allá dentro, como en una prisión –recordaría Cabrera–. Me imaginaba trabajando para Luis Cárdenas y pensaba: «No, por favor».

Aristegui decidió recurrir entonces a una figura prevista en el Acuerdo General de Política Editorial y el código de ética: José Woldenberg, ex presidente del Instituto Federal Electoral, profesor de la Facultad de Ciencias Políticas de la UNAM desde 1974, árbitro entre la conductora y MVS para dirimir conflictos editoriales.

Aristegui lo localizó en San Francisco y esa noche Woldenberg habló con Alejandro Vargas. Conversaron en dos diferentes ocasiones y ante la insistencia del árbitro por conciliar, el empresario dijo que esa figura estaba prevista para asuntos de contenido editorial y que para la empresa el conflicto tenía que ver con temas de gobierno corporativo.

El despido de Aristegui parecía consumado; no se veían condiciones para que regresara a MVS, como había ocurrido con su despido temporal en febrero de 2011.

¿Qué había hecho posible que la conductora volviera al noticiero aquella ocasión? ¿Quién convenció a Joaquín Vargas de reinstalarla?

Un argumento esencial había convencido al presidente del Consejo de Administración de MVS Comunicaciones de reinstalar a la periodista: al no ceder a las presiones del gobierno de Felipe Calderón, su posición sería clave para añadir peso al necesario equilibrio de poderes en el país.

***

Poco después de las 5:00 del lunes 16 de marzo, una lluvia de mensajes saturó los chats de WhatsApp.

«Estamos pasando al matadero.»

«Ya nos están despachando.»

Miret y el equipo de producción llegaron al amanecer, como de costumbre. Un guardia los saludó, pero no los dejó cruzar el umbral de la puerta principal, doblar a la izquierda, subir las escaleras y dirigirse a la redacción o un piso más arriba para llegar a la cabina principal, como hacían todos los días.

—Sus nombres— dijo el policía y los hizo pasar al fondo, a un salón cuyo nombre, a esa hora y en esas condiciones, parecía una mala broma—. Gymboree, un espacio impersonal y sin juegos de niños, se llamaba el sitio en donde unos minutos más tarde se encontrarían con personal del área de Recursos Humanos de la empresa que les entregó unas carpetas azules con dos hojas, un documento de liquidación y un compromiso de confidencialidad. Les pidieron sus gafetes y los celulares.

Cabrera y Barragán acordaron verse antes de las 9:00, pero cuando los mensajes comenzaron a llover, el sabueso mayor en la investigación de la casa blanca llamó a su compañero y le dijo que tenían que llegar de inmediato a la estación. Cuando les notificaron su despido tomaron fotografías a los documentos y el personal de MVS les comunicó que contaban con cuatro días a partir de ese momento para aceptar la liquidación escrita en uno de los papeles.

Uno a uno, en una mañana, todos los colaboradores de Aristegui fueron despedidos.

La periodista apareció en el edificio de MVS alrededor de las 9:00 e hizo unas breves declaraciones a la prensa, acompañada por Camarena y Maciel. Dijo que sospechaba que el último de sus despidos había sido planeado con cuidado y durante un tiempo considerable. Al rato llegaron a abrazarla Lorenzo Meyer y Denisse Dresser. No estaban Cabrera y Barragán, que tan pronto recibieron las carpetas con sus despidos, salieron a toda prisa para asistir a una cita de planeación en la plataforma Méxicoleaks.

Los que estaban ahí se despidieron de la gente que había llegado a mostrarles solidaridad, subieron a distintos automóviles y se trasladaron a casa de Camarena, a unas calles de la estación. Aristegui llegó en su camioneta, acompañada por su hermana Teresa y por Meyer.

Poco después se les unieron Cabrera y Barragán, y mientras bebían café y comían unas piezas enormes de pan dulce, Meyer y Dresser pronunciaron unos discursos informales pero llenos de emotividad. Expresaron a Aristegui su solidaridad y hablaron con preocupación sobre lo que su despido significaba en un clima político donde parecía estar de vuelta el autoritarismo.

Pese a la circunstancia, no había pesadumbre. Miret había devorado un rol de canela completo y observando cómo la mayoría cortaba los panes gigantes para dividirlo, Meyer dijo:

—Ahora dividimos el pan, pero después quizá habrá hambre.

El comentario de Meyer los hizo reír.

Más tarde se despidieron y como sucedería en las semanas siguientes, desde ese instante Aristegui permanecería casi sin separarse de sus abogados, revisando la estrategia legal que pondría en marcha. La noche del sábado Cabrera visitó a su mamá, conversó con ella, durmió en su cama de adolescente y se emborrachó. Lizárraga cenó con su esposa y sus gatos y Huerta y Barragán salieron con amigos.

Al día siguiente Aristegui citó a Miret, Lizárraga, Cabrera, Huerta, Barragán y Camarena en el departamento de la colonia Anzures donde se encontraba el sitio *Aristegui Noticias*. Les dijo que su intención era que estuvieran unidos y que trabajaran ahí. Aclaró que no podía pagarles lo que ganaban en la empresa de los Vargas y les ofreció un salario en la medida de sus posibilidades. Todos aceptaron.

Los primeros días el sitio *Aristegui Noticias* se volvió monotemático, publicando notas y entrevistas relativas a la salida de la periodista de MVS; unos días después ella dirigió varias reuniones donde todos revisaron la agenda de trabajo con la idea de comenzar a generar textos propios.

Tras el despido, Aristegui se veía fresca y ecuánime, lo que llamó la atención de sus compañeros, acostumbrados a verla actuar con arrojo y a veces de manera impulsiva.

Parecía concentrada en reinventar su carrera y su forma de trabajo, pero no dejaba de ser como era cuando estaba con su círculo más próximo: sonriente, amable y muy bromista.

Una mañana, mientras leía los diarios, la había hecho reír a carcajadas una caricatura del monero Alarcón. En la primera escena aparecía una casa blanca y dentro de ella el presidente tomaba el teléfono. «Carmen, te admiro y respeto», decía Peña. «Jamás haría algo para perjudicarte. Eres muy importante para el gobierno. Te prometo que pronto harás tu oficio con libertad.» Entonces aparecía al otro lado de la línea una emocionada y agradecida Carmen Salinas, que decía: «Gracias, mijito».

En esos días, en diferentes momentos, al saludarlos, en conversaciones de pasillo, tomando café e incluso en las juntas de trabajo, la periodista transmitiría un mensaje a sus colaboradores: «No nos van a quitar ni las ganas de vivir, ni de reír y menos de preguntar».

La primera semana posterior a su despido Aristegui no concedió entrevistas y se recluyó en su casa, con su familia. Ese silencio detonó un juicio en las redes y en las calles: el presidente Peña estaba detrás de su despido.

El 17 de marzo, en ese clima convulso, el gobierno federal se pronunció, en un comunicado que decía:

Respecto al diferendo entre Noticias MVS y la periodista Carmen Aristegui, el Gobierno de la República manifiesta lo siguiente:

Es deseable que este conflicto entre particulares se resuelva, para que la empresa de comunicación y la periodista sigan aportando contenidos de valor a la sociedad mexicana.

El Gobierno de la República ha respetado y valorado permanentemente el ejercicio crítico y profesional del periodismo, y seguirá haciéndolo con la convicción de que la pluralidad de opiniones es indispensable para el fortalecimiento de la vida democrática del país.

Al margen de las comunicaciones oficiales, la oficina de prensa del presidente no tenía un minuto de descanso en la tarea de influir en los directivos de los medios, una misión que resultaba más ardua conforme el desgaste del presidente y el gobierno se acrecentaba. En la primavera de 2015 los estrategas de prensa mantenían una relación seca y eficiente con el diario *Reforma*, que tras los escándalos de Ayotzinapa y las casas del presidente y el secretario de Hacienda conectadas al contratista Hinojosa, se había mostrado mucho más crítico pese a las llamadas y las presiones sobre la publicidad oficial que recibía, casi nada en comparación con otros periódicos cercanos al gobierno.

En esas semanas, el director René Delgado, que había sido elogioso con el Pacto por México, publicó una columna que tituló «¿Quién sigue?», para advertir que en la salida de Aristegui de MVS, como en los despidos de Ciro Gómez Leyva y Pedro Ferriz, y la desaparición del programa *Tercer Grado*, «el gobierno se lava las manos sin jabón». Después escribió que la administración peñista había perdido el rumbo desde la tragedia de Iguala y el descubrimiento de las casas de Peña y Videgaray. En abril, *Reforma* desplegó en primera plana una fotografía que debe haber enfebrecido a Eduardo Sánchez: el presidente aparecía ante un micrófono, bajo un titular que preguntaba: «¿Nuevos Estados»?, y una nota que reproducía las palabras de Peña en una visita a Jalisco para inaugurar una carretera que se extendía a León: «Por un lado esta obra acerca al gobernador del estado vecino de Lagos de Moreno, y de igual manera acerca al gobernador de este Estado, el Estado de León, donde se ubica León». El presidente había caido en su propio trabalenguas.

Los hombres de prensa de Peña no podían hacer nada para mesurar lo que escribían periodistas, intelectuales y politólogos en las secciones de opinión de los diarios –incluso los más oficialistas daban libertad a sus articulistas para escribir casi lo que quisieran–, pero en cambio eran creativos al moverse en otros reductos; no todo consistía en maniobrar para restar importancia o eliminar cierta información, sino también lo contrario: impulsar noticias que podrían tener un efecto útil para el presidente y el gobierno, o dañar la imagen de adversarios políticos y distraer la atención de la sociedad con temas morbosos, ridículos o escandalosos.

En esos días de marzo las oficinas de Calleja y Sánchez trabajaron con intensidad para alentar la publicación de dos noticias: la candidatura de Carmen Salinas a diputada federal y una declaración del presidente del PAN, Gustavo Madero, pidiendo al Instituto Nacional Electoral reprogramar la transmisión de un partido entre las selecciones de futbol de México y Brasil, el 7 de junio, día de las elecciones intermedias.

¿Qué pretendían impulsando esas noticias en la prensa?

Carmen Salinas fue un anzuelo: sirvió para que periodistas y medios independientes se fueran tras la finta y atacaran su nominación, mientras a un lado pasaban inadvertidas las candidaturas de Silvana Beltrones, hija de Manlio Fabio Beltrones, de Emilio Gamboa Miner, hijo del ex secretario particular de Miguel de la Madrid y de David López Cárdenas, hijo del ex coordinador de Comunicación Social del presidente, a la alcaldía de Metepec.

Lo de Madero era una travesura maligna, una de esas que cuando ocurrían, disfrutaban los comunicadores de Peña: su declaración sobre elecciones y futbol era tan absurda, que resultaba imposible renunciar a la tentación de ridiculizarlo. Ese día Madero recibió de los medios una atención que no había tenido en mucho tiempo, cortesía de Los Pinos.

9

¿Fue Peña?
(Un mensaje, un castigo, más llamadas)

Universitarios en jeans, mujeres en tacones, abuelas de chalina, jóvenes con pinta de ejecutivos, estudiantes de preparatoria, una señora llegada de Iztapalapa, tres vendedores de flores, chicas con arracadas en la nariz, artistas plásticos y una asesora del grupo del PRI en el Senado. Una multitud variopinta se agolpaba el jueves 19 de marzo contra los muros de cristal del Museo Memoria y Tolerancia, un vaivén terco y continuo, unos pasos hacia el frente y otros hacia atrás en el intento de ganar espacio en la columna oscilante para ver a Carmen Aristegui.

Eran las dos de la tarde y en la explanada del museo, frente al Hemiciclo a Juárez en la Alameda de la ciudad de México, más que expectante aquella marabunta parecía enfurecida por la salida de la conductora del noticiero matutino de Noticias MVS. «¡Fuera Peña!», se elevaba un grito en el aire cargado de nubes grises de la tarde. En la acera de la Avenida Juárez dos mujeres alzaban sobre sus cabezas unas mantas escritas a mano: «Que nadie lo dude, nuestra batalla es por la libertad», replicaba un cartel lo dicho por Aristegui el día del último programa. El otro advertía: «Cuando la tiranía se hace ley, la rebelión es un derecho».

Dentro del museo, los colaboradores de Aristegui, una veintena de hombres y mujeres despedidos junto con ella, preparaban el escenario para su reaparición con un discurso que revelaría a los medios y a miles de seguidores cuáles serían los pasos que daría la conductora tras ser despedida por la empresa de los Vargas. El museo lucía ordenado y aséptico, su techo alto iluminado por 43 coloridos papalotes con los rostros de los normalistas desaparecidos de Ayotzinapa.

Con las rodillas en el piso y los brazos sobre una banca, Sandra Nogales, secretaria particular de Aristegui, escribía a toda prisa una contraseña en cientos de gafetes de papel con una *A* estilizada para distribuirlos entre decenas de periodistas, fotógrafos y camarógrafos que hacían fila para entrar y reportar la reaparición de la conductora. El equipo había convocado un día antes a los medios en las redes sociales, tres periodistas habían retuiteado el anuncio y la tarde del jueves habían llegado al museo varios cientos de seguidores ansiosos de ver a la conductora.

Empleando la banca como escritorio, Nogales firmaba las papeletas y se las pasaba a Karina Maciel, que se encargaba de acomodarlas. Pese a la columna serpenteante que se estremecía detrás de las ventanas, ambas parecían serenas, quizá porque aquello no era nada que no hubiera sucedido antes.

Cuando la periodista fue despedida en el gobierno de Felipe Calderón, las chicas de Aristegui debieron pedir ayuda a un grupo de amigos que formó una cadena de torsos y brazos que con dificultad contuvo a cientos de simpatizantes que repletaron la conferencia de prensa que la conductora ofreció en Casa Lamm, en la colonia Roma.

Esta vez las manifestaciones públicas habían comenzado dos días antes de que Aristegui saliera de MVS, el jueves 12 de marzo. Cuando se anunció el despido de Daniel Lizárraga e Irving Huerta, una manifestación de quizá dos mil personas se atrincheró en la avenida Mariano Escobedo y lanzó una ráfaga de chayotes sobre la fachada del edificio de MVS.

Ahora otra multitud esperaba ver a Aristegui en el centro de la ciudad de México. Dentro, en el auditorio del museo donde la periodista se presentaría, terminaba un acto solemne para exigir justicia por la desaparición de los normalistas de Ayotzinapa. En la primera fila, el pintor oaxaqueño Francisco Toledo blandió un cartel que decía: «ARISTEGUI SE QUEDA».

En la explanada del museo, un puñado de policías vestidos de blanco y amarillo intentaba contener el mar de cabezas que se movía con impaciencia unos pasos hacia delante y otros para atrás, hasta que de pronto el contingente situado al frente, un nutrido grupo de fotógrafos y camarógrafos de prensa, empujó con fuerza, forzó la puerta de vidrio y casi derribó un arco detector de metales. Como si fuera el último día del mundo, unos treinta se precipitaron adentro a trompicones.

Dentro, en el auditorio donde reaparecería Aristegui, el jefe de información Camarena intentaba frenar a otro grupo que empujaba la puerta de entrada al auditorio. Flaco y ágil, el periodista cogió un megáfono y corrió hasta la puerta principal donde unos guardias vestidos de negro intentaban detener a la turba de simpatizantes y periodistas que avanzaba hacia los cristales para entrar y ver a la periodista.

–¡Atrás, compañeros, atrás por favor!, gritó Camarena. ¡Todos van a pasar, pero con orden! La marea cedió un poco, pero fuera la gente reunida rebasaba la capacidad de la explanada. Unos minutos más tarde las autoridades del museo decidieron cancelar la presentación de Aristegui, ante la falta de garantías para que se realizara en condiciones de seguridad.

Aristegui, que dentro de su camioneta daba vueltas alrededor de la zona, conversó con sus colaboradores y más tarde decidieron que regresarían al museo ese mismo día por la tarde para celebrar la conferencia en completo sigilo, sin avisar a los periodistas y a los medios.

Aristegui llegó al filo de las 18:00 y mostró el mensaje que leería a Lizárraga, Camarena y Miret. Ella lo había escrito y no estaba a discusión. Luego se sentó en una mesa, flanqueada por Miret y Lizárraga. Camarena haría de moderador y Barragán se encargaría de transmitir las preguntas del público, desde una computadora.

Aristegui vestía de blanco y su rostro, sin maquillaje aparente, se veía cansado. Recordó que los miembros de su equipo habían sido despedidos y se pretendía liquidarlos por la vía laboral, o con la terminación de contratos de honorarios, sin una justificación, y que en su caso se intentaba finiquitar un contrato de manera anticipada desde la vía civil, y quizá también desde la penal.

Estamos aquí para denunciar un atropello y para hacer una propuesta –dijo leyendo el discurso que había escrito durante varios días–. Se trata de resistir al vendaval autoritario que se ha desatado en México, de no permitir que se dé una vuelta más a la tuerca de esa vieja maquinaria autoritaria que sigue entre nosotros. Esta batalla, no lo dude nadie, es por nuestra libertad, una batalla que tiene que ser de todos, porque una batalla como ésta, en solitario, nunca será ganada. La secuencia de hechos sugiere que esto fue fraguado con anticipación, premeditación y mucho poder. El tema de Méxicoleaks y la marca nos ha sonado desde un primer momento, a pretexto. Algo grave o muy grave debe haberle pasado a la familia Vargas. Algo grave o muy grave debe haber ocurrido para que este grupo de empresarios siempre caballeros, siempre amables, siempre atentos, se hayan comportado de esta manera. Con virulencia, con agresividad, mostrando una clara intención, no sólo de romper, sino de aniquilar a este grupo de periodistas. Esta conducta no empata con los Vargas que conozco. Faltaron a todas las formas, incumplieron todas las condiciones de un contrato para resolver controversias en caso de que, en verdad, hubiera alguna. En realidad no había materia para un conflicto interno, tal como hoy lo quieren hacer pasar. Y a pesar de lo que diga el gobierno éste no es un conflicto entre particulares y eso también lo saben. No había un diferendo, enojo, situación específica que abonara en la idea de una ruptura cercana. Nada de eso había y ellos lo saben. Esto no es otra cosa que un intento de golpe, y digo intento, porque para nosotros no se ha consumado. Las preguntas están todas abiertas. ¿Quién demonios se atravesó en este camino? ¿A quién demonios se le ocurrió todo esto? En este momento sólo lo saben ustedes. No acepto que se despida a la gente de esa manera. Tampoco acepto que tienen derecho a romper un contrato, sin más. Este equipo se mantiene en su dicho: nosotros queremos regresar al aire en las mismas condiciones en las que estábamos apenas hace unos días, queremos regresar pronto al aire. En un momento de país como éste, no queremos y no debemos estar ausentes. Ese es nuestro objetivo, nuestra tarea y creemos nuestra obligación como periodistas y como ciudadanos. No está México para aceptar prácticas echeverristas. Nosotros hacemos una petición expresa en este sentido a MVS Comunicaciones y MVS Radio: queremos regresar al aire para seguir haciendo periodismo y para seguir dando un servicio a la sociedad mexicana. No está el país para cerrar, sino para abrir voces, no está México para cercenar derechos y libertades, sino para protegerlas. ¿Por qué la familia Vargas Guajardo tendría que ser parte de algo tan ruin y ominoso como un golpe en contra de periodistas? ¿A cambio de qué o por qué tendrían que ser partícipes de un golpe que sólo puede ser bien visto por el autoritarismo? Nosotros pedimos a MVS que reconsidere la andanada y que no permita que se consuma el golpe. Ustedes, si están dispuestos, si dicen sí, nosotros estamos listos para regresar. Desde aquí le pido a Joaquín y a Alejandro Vargas que nos reunamos, personalmente, para saber su respuesta. Propongo que nos veamos el lunes por la mañana. Hasta aquí nuestro mensaje. Allá va una piedra a la Luna.

En el salón de un hotel cercano, la respuesta de la familia Vargas fue demoledora.

—No te confundas, Carmen —dijo Felipe Chao, vicepresidente de Relaciones Institucionales de MVS ante un grupo de periodistas convocados por la empresa—, lo más grave es que una vez más no puedes aceptar que te equivocaste. Que quede claro: lo que desencadenó esta situación fue el ultimátum a la empresa. El diálogo no se atiende imponiendo condiciones, sino escuchando a las partes y tratando de alcanzar acuerdos. Nada más, pero nada menos.

Dijo que la relación contractual con Aristegui y su equipo de reporteros había llegado a su fin, y que no existía ninguna posibilidad de reanudarla.

–Nuestra relación ha terminado, Carmen –Chao terminó su discurso ante los periodistas reunidos–. Te deseamos buena suerte.

***

Unas horas después de su mensaje, un viejo amigo llamó a Aristegui para decirle que no estaba de acuerdo en que llamara a los Vargas a reconciliarse y, al mismo tiempo, les arrojara un jarrón en la cara, acusándolos de ser cómplices de un golpe de autoritarismo. Otro colega había seguido la conferencia con desazón: pensaba que estaba demasiado sola, que debió intentar un ejercicio de equilibrios tras el golpe de la casa blanca, que hacía falta alguien que la aconsejara o que quizá ella no quería escuchar a nadie; que la ruptura ocurriría pronto motivada por Méxicoleaks o cualquier otra cosa; que era claro que los Vargas –las posiciones perdidas en el paso de los años– habían llegado a un límite y que el mensaje de esa tarde había sido fatal. ¿Por qué no había aparecido flanqueada por Lizárraga y Cabrera, los cuerpos del delito de la casa blanca? ¿Dónde estaba Lorenzo Meyer, un hombre de todas sus lealtades para acompañarla en el momento más delicado de su carrera? ¿Por qué insistir en continuar con una relación rota? Era claro –pensaba el periodista– que ningún concesionario le abriría la puerta y que había llegado la hora de que Aristegui caminara por su cuenta, fundando su propio espacio digital y consolidando su sitio de información de una vez por todas.

Tras el discurso en el Museo Memoria y Tolerancia los juicios en las redes sociales se acrecentaron. Peña era la mano detrás del despido y sin Aristegui sentada detrás del micrófono, una arenga estallaba: en México había muerto la libertad de expresión.

Al ocurrir el despido de Lizárraga y Huerta el jueves 12 de marzo, yo había posteado en Facebook que estaban de regreso los peores tiempos del autoritarismo de Díaz Ordaz. Unas horas más tarde me preguntaba si reducir el periodismo a un acto de denuncia ayudaba a ver con claridad las cosas o contribuía a hacerlas más turbias y menos comprensibles, a simplificar una situación tan compleja, a aniquilar con el aforismo absolutista «fue Peña» la posibilidad de explorar más hondo para conocer las razones de fondo y entender qué había pasado y cómo había sucedido.

¿Peña había pedido o provocado el despido de Aristegui? ¿Era conveniente, como escribían varios columnistas, mirar el asunto con un lente reduccionista y simplificarlo a un conflicto entre particulares? ¿Si los Vargas tenían derecho a despedir a una periodista, cuáles eran los derechos de la audiencia sobre un espacio en el que los empresarios eran solo concesionarios? ¿Vestir a Peña de verdugo no significaba echar una sábana negra sobre el tema crucial de la publicidad no regulada, punto nodal de una conflictiva y perversa relación entre el gobierno y la prensa? ¿Cuál era la realidad de los medios y del periodismo mexicano? ¿Lo que estábamos presenciando era el resultado de un modelo fallido de negocios en los medios del país?

***

Desde los primeros días de marzo de 2015, Eduardo Sánchez asumió un rol plenamente activo en la relación de Los Pinos con la prensa. Si antes llamaba a los directivos de *Reforma* con regularidad y los veía cada mes y medio o dos meses, ahora se comunicaba casi todos los días, cosa que había comenzado a hacer también con *La Jornada*. De los demás se ocupaba Calleja, sólo si era estrictamente necesario.

Situados en las antípodas unos de otros en todos sentidos, Nuño y Sánchez finalmente habían desplazado a Calleja y López. Convencieron al presidente de que era preciso refrescar su relación con la prensa, que cumplía más de diez años con el viejo comunicador al frente. Peña aceptó; hizo renunciar al sinaloense para asumir una candidatura a diputado federal y nombró a Sánchez coordinador de Comunicación Social de la Presidencia.

El abogado a cargo de los asuntos de prensa del presidente no tuvo tiempo ni de celebrar y acomodarse en su nueva oficina: tres días después de asumir el cargo, Juan Méndez, relator especial de la ONU, dejaba una bomba en las manos del gobierno: en un informe denunciaba que la tortura en México era generalizada y ocurría en un contexto de impunidad.

Sánchez y Calleja entraron en contacto con los directivos de los medios y sus oficios funcionaron: un día después, con excepción de *La Jornada* y *Reforma*, que lo llevaron en primera plana y como nota principal de su sección nacional, el resto de los periódicos relegó el tema a sus últimas páginas, sin profundizar en lo dicho por Méndez y destacando la respuesta del gobierno, por medio del canciller José Antonio Meade. Algo similar sucedió con las estaciones de radio y los principales noticieros de televisión.

La denuncia mantuvo tenso y ocupado al nuevo funcionario de Los Pinos durante varios días, llamando a las direcciones de los diarios cercanos al gobierno y con cierta desesperación a los medios más independientes para pedirles restar importancia a la postura del relator y destacar la posición del gobierno ante las acusaciones de tortura generalizada.

En esos días Sánchez también estuvo enloquecido intentando sofocar en los medios otro escándalo que había estallado antes de su nombramiento: la nominación a ministro de la Suprema Corte de Eduardo Medina Mora, embajador de México en Washington, un hombre que había sido procurador en el gobierno de Felipe Calderón, señalado por activistas, organizaciones no gubernamentales y académicos como responsable de la descomposición del país en materia de seguridad y justicia.

«¿Y ahora qué paso?», se había preguntado el presidente unos días antes al recibir la llamada del secretario de Gobernación para informarle de la detención de *La Tuta*. ¿Qué seguía en el itinerario de asuntos explosivos del país? ¿De qué manera respondería el presidente? ¿Cómo se comportarían los estrategas de prensa ante lo que viniera del presidente y los propietarios y directivos de los medios?

Lo que seguía no demoró nada en llegar.

Una mañana en la que medio país hacía maletas para las vacaciones de Semana Santa, David Korenfeld, titular de la Comisión Nacional del Agua, tuvo una idea que tal vez ya había puesto en marcha en otras ocasiones: utilizar el helicóptero de la institución para trasladarse al aeropuerto acompañado por su familia. El asunto no se hubiera hecho público si un vecino no se hubiera indignado y posteado una fotografía en las redes sociales. Corredor de maratones, el funcionario intentó una salida simpática: dijo que había utilizado la aeronave para viajar con urgencia por un problema en las rodillas.

La noticia del abuso se convirtió en un escándalo en Twitter y pasó más o menos inadvertido en las ediciones impresas de la mayoría de los medios durante los días de Semana Santa. El lunes 6 de febrero, *El Universal* publicó en primera plana que al menos cinco helicópteros habían sido utilizados en un mitin de un candidato a gobernador del PRD en Michoacán y en su página web siguió el caso Korenfeld, revelando que el día que usó el helicóptero el funcionario tenía una reservación en una de las villas de esquí más grandes del mundo en Estados Unidos, lo que derrumbaba el argumento de que necesitaba trasladarse a un hospital para atenderse.

El miércoles 9 de abril Roberto Calleja se alarmó al leer muy temprano la síntesis de los diarios nacionales: *La Jornada* publicaba como nota principal que el escándalo Korenfeld había provocado un rudo debate en la Cámara de Diputados, en torno a la corrupción política y los abusos cometidos por funcionarios en el gobierno del presidente Peña. Los demás periódicos llevaban el asunto en páginas interiores.

Tomó el teléfono y llamó para resollar con frustración por la primera plana de *La Jornada*, y echar a andar por enésima vez la tarea de convencimiento de todos los días para que la información del día siguiente resultara lo más inocua para el gobierno peñista.

Ese día me encontré por la tarde con Josetxo Zaldúa, coordinador general de Edición de *La Jornada*, un vasco que ha sido periodista 40 años. Fue corresponsal de guerra en Centroamérica y al volver al país reporteó la Presidencia de Carlos Salinas, donde nos conocimos, y después se convirtió en guardián de la edición diaria, lo que le ha significado tratar con un número considerable de voceros y estrategas de prensa durante tres gobiernos y el que transcurre. Nos encontramos en la puerta del restaurante de un Sanborns y con un ademán de cabeza me indicó para que entráramos al bar.

–No voy a negar las llamadas –dijo Zaldúa, que mantiene el bigote frondoso y el mismo ácido sentido del humor de hace veinte años, cuando le pregunté cómo era la relación del diario con Los Pinos–. No tienen la intención de imponer, faltaba más. Hacen su trabajo y no me escandalizo, porque la relación entre la prensa y el poder es como la de una pareja que no acaba de consumarse y no se atreve a unirse del todo. Un buen gobierno con un aparato eficiente de comunicación tiene el deber de tener una relación, buena o mala, depende de cada quien, pero fluida y respetuosa con todos los medios, impresos y electrónicos. Lo contrario no beneficia a nadie. Pero hay otras cosas. No descubro nada diciendo que en los países desarrollados hay prácticas que desaparecieron y en México el gobierno federal y los estatales tienen un poder que se traduce en la disponibilidad del dinero, de conceder o no la publicidad oficial. Te pueden dar esa publicidad y luego puede haber problemas eventualmente para que te paguen. En un entorno crítico como el que vivimos, lograr que te paguen es una tarea ardua. No te dicen como acuñó el insigne José López Portillo: «No te pago para que me pegues», pero puede haber casos que sin necesidad de decirlo, se haga así. En este sexenio se supone que esto ha ocurrido contra la voluntad del presidente, que hasta donde entiendo, es a quien menos le interesa tener una prensa arisca por el castigo del no pago, y es sin duda el más afectado. ¿Es un castigo? Por supuesto. Son contratos que se hacen como cualquier transacción. Si pido un crédito hipotecario y no pago, el banco me retira la propiedad. ¿Qué hacemos los medios cuando el gobierno federal y los estatales no pagan lo que comprometieron por medio de acuerdos firmados? ¿Los vamos a demandar? No, no somos banco ni una constructora tipo Higa. Somos medios de comunicación y privilegiamos el entendimiento sobre las medidas de fuerza. Además no tiene sentido pelear con el Estado, porque vas a perder. No admito que me digan «no tengo dinero». Yo digo: eres el gobierno y si firmaste tenías esa partida asignada para eso, así que dame lo que es mío.

Zaldúa bebe un vodka con agua tónica y yo una cerveza. Llegó hace 35 años a México y en ese tiempo ha visto distintas generaciones de periódicos y periodistas. En la televisión frente nuestra mesa escuchamos un mensaje de candidatos en guerra declarada ante la elección de junio. Zaldúa tuerce la boca y pronostica que en unos días la gente estará hasta el cogote de los partidos y con seguridad cambiará de canal para mirar otras cosas. «Si un medio impreso repite las tonterías de los candidatos, perderá lectoría porque la sociedad pide otras cosas.» Le viene a la memoria un estudio publicado en la contraportada de *La Jornada* que advertía que los jóvenes están hartos de los partidos y de los políticos. «Las nuevas generaciones están interesadas en la política, pero no en la que hacen estos políticos. Nosotros tenemos el poder de desconectarnos; el medio pierde si se envanece y si crees que puedes hacer que tu audiencia coma sapos contigo, te van a perder, te van a mandar al carajo. Tienes que entender esa realidad que ha ido cambiando.» Luego recuerda su llegada a México, a finales de los 80, en un país con una prensa muy amordazada, pero unos periodistas –exclama– chingonsísimos. «Ahora aquí se puede decir lo que cada quien quiera, pero el nivel periodístico está en el lodo. Hubo una involución. En México hay libertad de prensa –sostiene– pero otra cosa es lo que los periodistas hacen con esa libertad.»

–¡Pianista! –llama Zaldúa al mesero, un flaco al que pedimos una copa y nos bombardea con dos. Le pregunto sobre el despido de Aristegui y las posiciones extrapoladas entre quienes acusan un ataque a la libertad de expresión y los que reducen el asunto a un conflicto entre particulares, y en medio algo que ha llamado mi atención: el código de ética que la periodista y Javier Solórzano comenzaron a construir hace dos décadas, un intento utópico por mantener a salvo su libertad editorial de la intervención de los dueños de los medios, en donde ellos, como todos los periodistas, son solo empleados.

–No conozco que haya cláusulas que blinden a un comunicador de ser eventualmente despedido por su empresa –dice el coordinador de Edición de *La Jornada*–. ¿Ordenó o influyó Los Pinos en la familia Vargas para que corrieran a Aristegui? Hay razones subjetivas para pensar que sí. ¿Por qué? El reportaje no se publicó en MVS, sino en la página de Aristegui y en *Proceso*, *La Jornada* y *Reforma*. La historia se hizo con los medios que la empresa proporcionaba a Aristegui. Una empresa tiene derecho a que no se publique una historia. Así sea arbitraria la decisión.

–¿Pero esto no te parece una censura?

—Puede leerse como censura, o es una decisión que la empresa puede entender que le afecta a futuro.

—¿Es legítimo?

—Creo que lo es, pero tiene costos. Así como la familia Vargas está en su derecho de decir «esto no se difunde acá», Aristegui tiene también derecho a decir a la empresa «está bien, pero lo voy a difundir en otros lados». Ahí se empieza a torcer una relación en automático. Ya viene el choque de trenes. Pero le reconozco su derecho a definir cómo lo difunde. El problema es que el reportaje se hizo con los recursos económicos de la empresa que daba espacio y trabajo a una empleada llamada Carmen Aristegui. Creo que como se ha tensado tanto la situación entre buenos y malos, una película que me aterra porque muere la inteligencia y el sentido común, perdemos de vista lo que se debe discutir: hasta dónde alcanza el derecho de una empresa y hasta dónde llegan los derechos de una comunicadora estrella como Aristegui.

—¿Alcanzar un punto de equilibrio?

—Ya es tarde para eso. Nunca creí en la posibilidad de un *entente cordiale,* por el antecedente. Pensé: esto es definitivo, aquí se acabó Aristegui para MVS. Y no es lo mismo tener una tribuna cinco días a la semana por tres horas donde tienes tu grey, porque esto es una parroquia, cada comunicador tiene sus fieles. Aristegui perdió ahí y también perdió MVS, pero perdió mucha gente más porque independientemente de que no estuvieras de acuerdo con el modo, con el estilo de Aristegui, la escuchabas. Para mí era difícil por el horario, pero decenas de miles la seguían, creían en ella. Se canceló ese micrófono, se fue a la goma. Híjole. Ay.

—Hay libertad de prensa, dices, pero ¿hay equilibrios en la oferta de los medios?

—Yo no puedo comprar que el lamentabilísimo *affaire* MVS *vs* Aristegui signifique una cancelación o un ataque a la libertad de expresión. Es un hecho penosísimo que cancela una ventana importantísima como puede ser *La Jornada* o *Proceso*, que cubren lo que llamo el otro México. Es una tragedia. ¿Hay un golpe autoritario atrás? No lo dudo, pero hay que demostrarlo porque si no, ya nos perdimos. No podemos caer justo en lo contrario. ¿Por qué dices que es un golpe brutal? «Porque lo digo yo». En esa regla de tres en *La Jornada* podemos hacer mañana una mariguanada, y cuando nos pregunten cuál es nuestra fuente, diremos que no hay tal, que es lo que nosotros pensamos. Cierta lógica necesaria y tal vez sanamente mal pensada apunta a que toda esta operación que culminó con la salida de Aristegui y su equipo de MVS está orquestada desde Los Pinos, y además como ingrediente principal se argumenta que no en vano Eduardo Sánchez, que era abogado de MVS, recién había sido nombrado coordinador de Comunicación Social de la Presidencia. Yo digo que si así fuera, sería muy burdo. También hay que ponerse a veces de abogado del diablo.

—¿Qué perdimos en el camino? ¿Rigor?

—Cuando el periodismo deviene en santones y santonas que en sus púlpitos de televisión, radio o columnas se vuelven materia principal de consumo, quiere decir que estamos enfermos, que estamos muy mal porque hay una bola de irresponsables detrás de los micrófonos y de la pantalla y de las columnas. Eso marca nuestro atraso, porque ahí no hay rigor, salvo contadas excepciones y las puedo contar con diez dedos y de pronto llego al décimo. No hay respeto por el rigor, lo que prima es el hígado, una suerte de abyección disfrazada de objetividad periodística que de objetividad no tiene nada. Uno ve la firma de las chequeras detrás de los trabajos de algunos. Hemos prostituido la comunicación.

–Nosotros, no el gobierno.

–No, no es el gobierno, somos nosotros; insisto, no todos, hay gente valiosa que se mantiene ahí y así como Aristegui era valiente aireando lo que se debe hacer, por salud de la nación, también hay otros colegas que hacen lo mismo. Por eso digo que no se cancela la libertad. Se cerró una ventana muy importante por la que vale la pena luchar, pero el periodismo no se acaba ahí. Esto no es el golpe de *Excélsior*, que me perdonen. Hay que estar loco para decir algo así.

Después de tres vodkas y cuatro cervezas nos despedimos cuando en el bar del Sanborns una pareja pedía al mesero subir el volumen del televisor para escuchar una noticia: David Korenfeld, titular de la Comisión Nacional del Agua, había anunciado su renuncia tras el escándalo del helicóptero que utilizó como taxi privado.

Al menos por ese día había terminado para Calleja la tarea de llamar desde Los Pinos a los directivos de los medios.

***

Un mes después del despido de Aristegui, Daniel Lizárraga asistió una noche al Instituto Goethe en la colonia Roma para servir como moderador en una conversación con Elisabeth Malkin y Henry Tricks, corresponsales de *The New York Times* y *The Economist*. Lizárraga fue invitado por el editor Guillermo Osorno a participar en una charla convocada por *Horizontal*, un proyecto cultural y de medios con una publicación digital, un centro cultural y un café bar.

Al auditorio, una sala grande como un cine de los años ochenta, habían llegado estudiantes de comunicación, periodistas, seguidores de Aristegui, Aída –la esposa de Tricks, una mexicana internacionalista– y público vecino de la colonia Roma que había asistido a otras discusiones de la serie «Después de Ayotzinapa: conversaciones para repensar México». Como parte de ésta, Malkin, Lizárraga y Tricks participaban en la conferencia «Medios internacionales: la crisis en otros ojos». Antes de que los corresponsales llegaran, Osorno, Lizárraga y algunos miembros de *Horizontal* se habían reunido en la cafetería, y mientras conversaban, en algún momento los alcanzó el tema inevitable del despido de Aristegui, con un episodio reciente: un día antes, un juez había concedido a la periodista una suspensión provisional sobre los lineamientos editoriales anunciados por MVS que anulaban o modificaban el contenido del Acuerdo General de Política Editorial y el código de ética que ambos habían suscrito en enero de 2009; el juez también había ordenado a la empresa negociar un acuerdo con ella para reanudar la transmisión de su programa, antes de que terminara el mes. La resolución no tenía precedentes, ya que el juez había colocado a MVS en el equivalente a una autoridad por ser concesionaria de un servicio público, lo que situaba sus actos en posibilidad de ser juzgados para determinar si violaban los derechos humanos de la audiencia que reclamaba escuchar a Aristegui. «Estamos ante algo inédito, esto es histórico», diría Aristegui a sus colaboradores, horas después de conocer la resolución.

En el Instituto Goethe, la primera pregunta a los corresponsales surgió de la conversación previa en la cafetería. «Hay que maltratarlos un poco», sugirió uno de los invitados al recordar las primeras planas y los reportajes elogiosos en la prensa extranjera sobre Peña, los dos primeros años de gobierno. Unos minutos después, Lizárraga planteaba la pregunta a los corresponsales.

Tricks contó que Ayotzinapa representó un antes y un después en el gobierno del presidente Peña, porque los dos años anteriores hubo una especie de suspiro sobre México en el extranjero, luego de que la historia del país había sido triste y cruel por años y la gente estaba cansada. –Mis editores estaban exhaustos de la violencia, –dijo el periodista vegetariano, un londinense de estatura media, cabello castaño y ojos grises–. Entonces llegó Peña, el presidente priista que prometió varias reformas que la revista había apoyado por décadas, como la energética.

–Pero no estuvimos totalmente apasionados con Peña. Antes de que yo llegara al país, *The Economist* lo respaldó como el candidato menos malo, no como el mejor. Entonces la publicación dio su aval al Pacto por México y todas sus reformas porque coincidían con su pensamiento liberal, con la crítica por décadas de que México no era un país con libertades, sino de monopolios, uno político con el PRI y otros en telecomunicaciones, petróleo y los sindicados. –Queríamos ver la libertad y estas reformas representaban eso. Ver a México con un consenso hacia las reformas, cosa que no tenía Estados Unidos, nos dio mucho gusto.

Mucha gente le ha preguntado a Tricks en estos últimos meses por qué todo cambió tras Ayotzinapa. Cree que una explicación razonable se encuentra en la columna «El presidente no entiende que no entiende», que publicó *The Economist*, en enero de 2015, una enorme sorpresa para muchas personas porque marcó un gran cambio en el modo de ver las cosas, no solo en los lectores sino en los editores.

«¿Por qué este cambio, Henry?», le preguntó en Londres un editor. Le dijo que la tragedia de Ayotzinapa era terrible, pero que no era culpa de Peña; que había corrupción en los escándalos de las casas del presidente y del secretario de Hacienda pero que no era nada comparado con lo que ocurría en Brasil, donde mucha gente había terminado en la cárcel.

–Parte del problema es que como mis editores no entendían bien lo que había pasado, Peña tampoco lo había entendido; habían pasado dos cosas: la primera, un presidente había tratado de reformar al país, pero se necesita ser tonto para no reconocer que si no tienes la casa en orden, no puedes reformar nada, porque hay muchos intereses que te van a tirar lodo. Peña no había pensado en esto por razones aún desconocidas. La segunda es el capitalismo de cuates. Básicamente lo que vimos es que las licitaciones iban a sus amigos y esto es muy preocupante cuando ves que una gran parte de sus reformas necesita licitaciones. La pregunta en el aire es: «¿Todavía habrá más premios a los amigos?»

–La otra parte importante, –dice Tricks y levanta un breve murmullo en el público– es que el viejo PRI ha resurgido, cosa que había ocurrido antes con Salinas y, en su momento, con las reformas de los noventa que *The Economist* apoyó, pero que luego resultaron viciadas. Ahora vemos que este viejo PRI va a tratar de mermar estas reformas, como lo vemos con los sindicatos, que van a estar favorecidos. El gobierno no está terminando con éstos aunque tienen capacidad para afectar las reformas.

Después tocó su turno a Malkin, una mujer compacta de rostro muy blanco que había vivido en México veinte años atrás, durante el régimen salinista. –Después del gobierno de Felipe Calderón todos en México y fuera estaban agotados de la historia de violencia –dijo la corresponsal de *The New York Times*–. Llegó Peña y dentro de los corresponsales había una división clara entre quienes vivimos la época de Salinas y los que no la vivieron. Los que habíamos estado aquí en 1994 teníamos desconfianza de la realidad, un poco como la historia del Mago de Oz. Había más escepticismo. Creo que tal vez fallamos un poco al no contar el pasado y concentrarnos en lo nuevo que eran las reformas y en dejar un poco de lado el hecho de que la violencia continuaba. En Guerrero surgían las primeras autodefensas, después en Michoacán, pero eso no recibió la cobertura necesaria. Lo que estamos esperando es ver si Peña entiende, pero hasta ahora cada semana vemos que no. La semana pasada cuando renunció Korenfeld, escribí una nota pequeña. Nosotros no escribimos los títulos de las notas, así que la envié a Nueva York y me la devolvieron con el título del editor, que decía: «Otro escándalo en México». Eso ya es la nota de México. Hay cosas buenas, hay una nueva fábrica de Toyota, una reforma energética muy importante… pero lo que pasa con la cobertura es un péndulo y el de las reformas ya pasó, ahora todo es corrupción y escándalos. Pienso que no debemos cometer el error de olvidar esos dos puntos, como olvidamos la continuación de la violencia en 2013.

–Los escucho hablar –intervino Lizárraga en el extremo derecho del escenario–, y me pregunto si no fueron objeto de un encantamiento de la serpiente, porque las reformas no eran malas, pero sí lo que había detrás.

–Es muy importante el Estado de derecho –advirtió Malkin–; y todos los presidentes dicen que lo respetan y hasta ahora no lo vemos. El Estado de derecho no es una reforma, es un estado de ánimo y no se puede legislar. Es importante entender que esas reformas sin Estado de derecho, y esto abarca corrupción, no podrán prosperar. Es tiempo de pensar por qué México no puede crecer.

Tricks recordó que la gente de *The Economist* se había reunido con el presidente Peña antes del inicio de algunas Cumbres y era curioso que no aceptaba preguntas y todo lo respondía Luis Videgray. Un día Tricks le preguntó al secretario de Hacienda sobre el Estado de derecho y literalmente no supo qué contestar.

–Creo que no era un pensamiento en el gobierno. Hace unos días en Panamá el presidente Obama dijo que los grandes retos eran la transparencia y la lucha contra la corrupción y me impresionó que Peña no dijera nada –explicó que una de las cosas que trata de reflejar en su cobertura es por qué México no crece–; es una enorme decepción regresar al país después de doce años y ver que la economía sigue igual, lo mismo que la pobreza y la corrupción.

Tricks dijo que es común la práctica tramposa de ver a la economía solo en la parte exportadora: una parte moderna que funciona bien, con un Estado de derecho, cuando en realidad, el 80 por ciento restante funciona en un estado donde la ley está ausente y la corrupción y la extorsión existen. –Cuando hablo con funcionarios del gobierno federal me reclaman que cómo decimos que México es un país corrupto si tiene tanta inversión extranjera. Les digo que la razón es que la inversión va a esa pequeña parte de la economía.

Más adelante, Lizárraga preguntó cuál era el papel de la prensa extranjera y como veían a la prensa mexicana.

–México ha tenido algunos avances –dijo Tricks–, pero luego de doce años fuera, solo hay una buena estación de radio. Siempre hay solo una buena estación, antes con Gutiérrez Vivó y ahora con Aristegui. No hay ningún otro conductor que valga la pena. Además resultaba importante que estos periodistas habían mantenido cierta independencia y que se habían inaugurado sitios como *Animal Político* y *Sin Embargo*. Hay muy poca investigación y lo que hay es risible en la mayoría de los casos. Hasta los colegas en Centroamérica se ríen del periodismo de investigación en México, porque son dimes y diretes. Hay algunos casos respetables, pero muy pocos y eso tiene que cambiar. La prensa tiene que empezar a ser un actor, porque lo que refleja es una línea de opinión, y escuchar al PRI, PAN o PRD es lo mismo. Estoy decepcionado con el periodismo de aquí. En la prensa extranjera lo que veo es que hay mucho menos cobertura de México ahora que hace veinte años, menos corresponsales; parte de lo que me gustaría ver es que se reporten cosas que no son mala noticia. Mi esperanza, y no voy a vivir para verlo –dijo Tricks y el auditorio estalló en risas– es que la lucha contra la corrupción sea un cambio de importancia mundial, porque todos tienen este estereotipo de México.

Malkin recordó que con los gobiernos panistas existía una especie de libre albedrío y nadie tenía miedo de ir a ver qué pasaba en el país. –En la campaña de 2012 fue evidente cómo, con dinero, el PRI cambió a medios que eran más independientes, y después del triunfo de Peña eso cambio aún más. *Reforma* –continuó– mantuvo su independencia, pero su versión de periodismo de investigación es publicar un documento de gastos excesivos. El problema es grave. Los periódicos dejan que los columnistas digan todo y no existen reportajes para aportar una base de información. El problema de la prensa mexicana es que ha perdido peso y protagonismo; ahora vemos una disminución en su valor y la prensa extranjera puede presentar historias que aquí no se publican. Puede ser que tras Ayotzinapa la prensa mexicana le dé más valor a las investigaciones. Puede ser que despierte de todos estos años y del narcótico de la publicidad del gobierno.

–¿Cómo evitar este narcótico de la publicidad oficial? –preguntó Lizárraga–. ¿El problema es el modelo de negocio de los medios mexicanos?

–Lo más importante es el modelo de negocio –dijo Tricks–. En México falta mucha innovación. *The Economist* es una revista, pero ahora también es una aplicación que vende creo que 35 por ciento del total de ingresos; aquí todavía es increíble el poder de la publicidad gubernamental en todos los medios: 90 por ciento de los medios desaparecerían sin ese gasto de cientos de millones de dólares. La publicidad provoca autocensura y lo vemos en la ciudad de México y en la provincia.

–Yo quisiera echarle la culpa a los dueños de los medios –Malkin alzó la voz desde su asiento color naranja–. Los reporteros escriben tres notas al día y hacer periodismo de investigación cuesta dinero. *Reforma* quiso hacerlo hace veinte años y no sé si Junco está cansado y le gusta la vida en Texas o se siente amenazado porque Televisa manda helicópteros por su casa, pero hay periodistas que quieren hacerlo y necesitan apoyo. La nota de la corrupción de Walmart en *The New York Times* –que ganó un premio Pulitzer– requirió el trabajo de dos periodistas durante un año.

–Aquí en México –Tricks intervino– no se hacen cosas elementales como dar contexto y tener dos puntos de vista.

–Debo aclarar una cosa –Lizárraga lo interrumpió–. Entiendo que la metodología es hacer preguntas, pero hay que entender que cuando te portas bien te responden de la peor manera. Nosotros avisamos a Los Pinos de la investigación de la casa blanca y recibimos un manotazo en la mesa. De Los Pinos llamaron a los dueños para que el reportaje no se publicara. No es una actitud democrática preguntar y que te respondan con un golpe de censura.

Cuando la conversación terminó, una chica dijo que el gobierno de Peña parecía mucho más cerrado. –¿Ustedes han sentido esto? –preguntó. Tricks contó su encuentro con Nuño (no reveló ahí de quién se trataba) para explicar que el editorial «El presidente no entiende que no entiende» había causado un gran malestar en Los Pinos, y que entre los hombres del presidente existía una gran decepción de la prensa local e internacional, porque que se pensaba que no alcanzaban a comprender lo que el gobierno hacía para transformar al país. –Creo que esperan que pase la mala racha; si esto ocurre después de las elecciones cuando el PRI tenga una mayoría, va a parecer que hicieron lo correcto –respondió Tricks.

–La semana pasada –explicó Malkin– escribí una notita sobre un estudio de estadísticas publicado en Estados Unidos acerca de si la tasa de homicidios sube o baja en el año, después de la entrada del Ejército. El documento se refería a la presidencia de Calderón y pese a ello recibí una llamada. Me dijeron que estaban pensando enviar una carta a *The New York Times*, pero si prefería podía ir a verlos y platicar, cosa que hice hoy. No hubo presión, pero fue un intento por mostrar su parte de la historia.

Al final de la conversación, Malkin y Tricks permanecieron un buen rato conversando de manera informal con la gente que se acercaba a preguntar más cosas. Lizárraga se despidió y salió a toda prisa. Al día siguiente debía estar muy temprano en una junta de trabajo, con su jefa.

Aristegui tenía otra bomba en las manos.

10

Epílogo

—**A**lgo está pasando –dijo consternado Alejandro Cárdenas, administrador de *Aristegui Noticias*–. ¡La página web del sitio está caída, otra vez!

Era el mediodía del sábado 18 de abril.

Al otro lado de una mesa larga donde trabajaban dos diseñadores y un redactor, Carmen Aristegui y la reportera Laura Castellanos, una periodista independiente que días atrás se había acercado a la conductora con una historia potente, interrumpieron lo que escribían en una computadora. A unos pasos, Irving Huerta confirmaba que no podía entrar al sitio.

–¡No! –exclamaron Aristegui y Castellanos, y con desesperación se llevaron las manos a la cara, a la cabeza, a los ojos–. No puede ser.

Aristegui parecía tranquila, pese a que no era la primera vez que sucedía. Ocho días antes, el sitio había funcionado de manera intermitente, como el motor de un viejo auto que demora en encenderse y un instante después se detiene. Este sábado permaneció en línea por la mañana y después comenzó a fallar, hasta que llegó un momento en el que se paralizó por completo.

Aristegui entrecerró los ojos y movió la cabeza de un lado a otro.

–No puede ser una casualidad –dijo y su rostro se endureció. En situaciones críticas Aristegui no se altera, casi nunca grita y jamás arroja lo que tiene enfrente, pero una ira silenciosa la consume por dentro. No creía que fuera fortuito que el sitio se hubiera caído de manera azarosa ese mediodía, justo cuando acababa de publicar un promocional anunciando la bomba que había preparado los días previos: «Masacre en Apatzingán: fueron los federales», una investigación de Castellanos.

–Hay que hacer algo –dijo Aristegui–. Tal vez cambiar el servidor y ver la manera de que alguien nos respalde para difundir el reportaje.

Todos coincidieron en que podían recurrir a *Artículo 19*, organización en defensa de la libertad de expresión que el sábado anterior, durante el primer ataque al sitio, se había ofrecido a hospedar en su página web algunas de sus historias.

Por grave que fuese, para Aristegui la caída de la página web no era una prioridad, ni la primera de sus preocupaciones. Lo que la mantenía en tensión en ese momento era la edición final de la pieza reporteada y escrita por Castellanos sobre los muertos de Apatzingán, un asunto que habían comenzado a trabajar juntas la segunda semana de abril.

El asunto marcaba el regreso de Aristegui con un nuevo golpe periodístico, en una circunstancia peculiar: había perdido su espacio de radio en MVS treinta y tres días atrás, y ahora servía como válvula de escape para que se publicara una historia atrapada en otro medio.

La forma en la que este nuevo descubrimiento se difundiría era una réplica del modelo utilizado en la casa blanca del presidente: un bloque formado por la revista *Proceso,* que ya circulaba ese sábado para suscriptores; *Aristegui Noticias* y la poderosa cadena *Univisión,* que llega a los hogares de 50 millones de latinos en Estados Unidos.

¿Las sospechas de Aristegui eran fundadas? ¿Cabía la posibilidad de que personas interesadas en frenar la publicación sobre los hechos de Michoacán estuvieran detrás de los ataques cibernéticos que mantendrían al sitio fuera de servicio durante doce horas entre la tarde del sábado y la mañana del domingo?

Castellanos es una seria y experimentada periodista que trabajó en la sección cultural de *Reforma,* más tarde para *La Jornada* y como independiente los últimos años en la revista *Gatopardo.* Una entrevista suya con el subcomandante Marcos se transformó en el libro *Corte de Caja* y su tarea reporteril concentrada en movimientos radicales la llevó a publicar *Movimiento armado,* un documentado texto sobre la guerrilla mexicana.

A principios de febrero, enviada por *El Universal,* diario para el que había trabajado sin contrato, sin seguro, sin vacaciones pagadas ni aguinaldo los últimos tres años, Castellanos viajó a Michoacán y en Apatzingán realizó el trabajo periodístico más arriesgado de su carrera: entrevistó a treinta y nueve testigos que le contaron cómo la Policía Federal había disparado y asesinado a dieciséis personas, entre ellas una familia de guardias rurales, una madrugada de enero en la que millones de niños dormían con la ilusión de descubrir por la mañana los tesoros que los Reyes Magos habían depositado junto a sus camas.

Acompañada por un fotógrafo que capturó imágenes y video de los testimonios, la periodista permaneció diez días en Michoacán, volvió a la ciudad de México y el 19 de febrero entregó el reportaje a los directivos del diario. Transcurrieron varias semanas sin que se publicara y Castellanos empezó a impacientarse. «Pronto saldrá», le decían el director y los subdirectores de *El Universal*. «El dueño lo está revisando y en breve tendremos su aprobación.» Los días se transformaron en semanas y la historia de la masacre cumplió más de un mes congelada en la redacción.

Asesorada por los directivos de *Artículo 19*, Castellanos decidió investigar si podía publicar el texto en otra parte. Unos abogados de la organización dedicada a defender la libertad de expresión revisaron el contrato de colaboradora que había firmado con *El Universal* y le dijeron que los derechos de la historia le pertenecían a ella, en tanto el periódico no la publicara. Sólo había un problema: los fondos que le había entregado la empresa para viajar a Michoacán. ¿Cómo podía resolverlo?

Castellanos reunió el dinero y lo devolvió a una cuenta bancaria de *El Universal*. De ese manera el reportaje le pertenecía, pero ahora enfrentaba otro escollo: una loba solitaria de sus viajes e historias, no tenía contactos en otros medios. A principios de abril recurrió a un viejo amigo editor que la presentó con Aristegui y otro colega la llevó a la revista *Proceso*.

Fue una negociación complicada, una serie de reuniones a las que asistirían Castellanos, Carmen Aristegui y Rafael Rodríguez Castañeda, director de *Proceso*. Discutieron un plan para publicar juntos la historia y se preguntaron qué medio internacional podría acompañarlos. No pasó mucho tiempo antes de que la conductora propusiera que fuesen *Univisión* y el afamado periodista Jorge Ramos, y los demás la secundaron.

El viernes 17 de abril Castellanos llegó a *Proceso* por la tarde y permaneció varias horas editando la historia y escribiendo los fragmentos que acompañarían las fotografías. Salió después de la medianoche, llegó a su casa al sur de la ciudad de México y apenas pudo descansar un rato. Desde que volvió de Michoacán la sobresaltaban las imágenes que había reunido –cuerpos acribillados de hombres, mujeres y una chica– y las historias que pudo recabar en su grabadora, entre ellas una de varias madres que habían salido con sus hijas a comprar regalos y en la balacera desatada por los federales, sus niñas habían resultado heridas y desaparecido, lo que había llevado a las mujeres a emprender una búsqueda frenética en los hospitales de la región.

Sin poder dormir en calma, se levantó a las 5:00 del sábado, continuó trabajando en el texto y salió para encontrarse con Aristegui después del mediodía en el diminuto departamento de la colonia Anzures que es sede del sitio de noticias propiedad de la conductora, una redacción improvisada con cinco mesas de madera que juntas forman un largo escritorio. Unos días atrás, el administrador Cárdenas había llegado con una planta enana en una maceta gigante, y la había colocado en una esquina para hacer un poco acogedor ese espacio frío y desprovisto de más decoración que unos estantes, tres computadoras, dos pizarrones, un par de garrafones sin dispensador de agua, un horno de microondas y un teléfono. Al mediodía, en jeans, camisetas y polos, ya estaban ahí Castellanos, Cárdenas, Huerta, los dos Gustavos –un diseñador y un editor– y Aristegui, que vestía una blusa color champaña y un chaleco negro.

La historia había impactado a Aristegui desde que conoció a Castellanos unos días atrás, por la barbarie que revelaba y la solidez periodística que la respaldaba. Estaba cimentada en las declaraciones de los testigos y en un número importante de audios y videos. «Acá todavía están tiroteando, acá todavía están tirando los federales, acá no pueden salir los compañeros, están tirando los federales», se escuchaba la voz de un hombre, en una grabación. Un video mostraba a los guardias rurales corriendo para protegerse detrás de las bancas de la plaza municipal de Apatzingán, y otro permitía ver con claridad a los campesinos huyendo de la tormenta de balas, armados con trozos de madera en las manos.

—Esto es algo inédito —diría Aristegui varias veces ese sábado al observar los videos y editar el reportaje—. No alcanzamos a dimensionarlo aún, pero esto representa un hecho histórico que marcará al país.

En el asunto estaba inmiscuido el ex comisionado del gobierno federal en Michoacán, Alfredo Castillo, que presentó una investigación cuyo parte oficial señalaba que los hechos del 6 de enero habían sido resultado de un enfrentamiento entre la Policía Federal y los guardias rurales.

Alrededor de las 13:00, luego de tener indicios inequívocos de que el sitio estaba fuera de servicio, Aristegui y Castellanos continuaron en la edición de la historia mientras Cárdenas hacía llamadas a Estados Unidos para saber qué estaba sucediendo. Ellas tomaban turnos para escribir en una Mac color plata, mientras un diseñador trabajaba en una computadora más grande. Un día antes, la periodista que recopiló los testimonios de la matanza había grabado un video asistida por Huerta, atendiendo una regla no escrita del equipo según la cual quien hubiera trabajado un asunto, debía prestar su voz para narrar la historia.

Pero a Castellanos no le gustó cómo se escuchaba el audio del video. Aristegui estuvo de acuerdo y la productora Kiren Miret, que había estado a cargo de grabar una buena parte de las noticias y cápsulas de la *Primera Emisión* de MVS, fue llamada por la tarde. Acompañada por Huerta, antes de que anocheciera salió a un estudio de grabación en la colonia Del Valle.

Aristegui bebía sorbos de agua de un vaso de unicel y avanzaba en la revisión de la nota, haciendo comentarios y observaciones en cuestiones de estilo y diseño. Castellanos escuchaba y metía mano en los textos que acompañarían el reportaje. Habían transcurrido unas horas desde que habían llegado al sitio, cuando uno de los diseñadores llamó su atención.

—Ay no, por favor. No puede ser —Gustavo miró aterrado el monitor de su computadora, negro como un cielo amenazante—. La Mac en la que trabajaba y almacenaba la mayor parte de la información sobre los muertos de Apatzingán, se había apagado de pronto.

Aristegui y Castellanos no podían creer que todo eso estuviera sucediendo. Intercambiaron miradas y volvieron a llevarse las manos a la cabeza, con frustración. Preguntaron a Gustavo si la computadora no encendía. Le pidieron que lo intentara.

El diseñador pudo echar a andar la Mac, que se mantuvo encendida unos minutos, los suficientes para que pudiera hacer un respaldo y continuar su tarea en otra máquina. Mientras eso ocurría, el sitio *Aristegui Noticias* continuaba caído. Nadie salió a comer con la intención de resolver los asuntos pendientes y hacer rendir el tiempo. El acuerdo con *Proceso* y Univisión era subir la historia a las 6:00 del domingo.

No había transcurrido ni una hora desde que Miret y Huerta habían salido del sitio, cuando sonó un teléfono. Eran ellos para avisar que a unas calles de llegar al estudio de grabación, la camioneta de la productora había sido embestida por un trolebús, lo que haría que se prolongara más de la cuenta el tiempo que dedicarían a producir el video. Aristegui ordenó a Cárdenas que saliera para ayudarles con el problema.

Todos continuaron concentrados en sus deberes hasta que un poco más tarde, otra noticia volvió a hundir a las periodistas en un estado de conmoción: las páginas de internet de los diarios habían comenzado a circular un comunicado en el que la Secretaría de Gobernación informaba que había recibido un video que hacía inferir presuntos actos de uso excesivo de la fuerza o abuso de autoridad por parte de elementos de la Policía Federal, en Apatzingán.

—¡Nos van a quemar la noticia! —explotó Castellanos. A su lado, Aristegui repetía una y otra vez que no podía ser que el comunicado con la noticia del video anónimo, más el sitio en estado de coma informativa, más la Mac del diseñador contaminada por alguna extraña presencia que la hizo paralizarse, fueran resultado de la casualidad.

La autora del texto, una periodista seria y discreta, había sido cuidadosa de mantenerlo todo en secrecía, por motivos de seguridad, suya y de los testigos que había entrevistado en Michoacán. Tampoco la habían compartido Aristegui, Rodríguez Castañeda y Ramos, conductor estrella de Univisión. ¿Quién había hecho llegar al gobierno el paquete anónimo de los hechos sangrientos de Apatzingán? ¿Se trataba del video en poder de *El Universal* que había filmado el fotógrafo que acompañó a Castellanos en su viaje a principios de febrero?

Aristegui y Castellanos continuaron escribiendo y editando un poco abatidas, hasta que un rato después la desazón pasó y se dijeron que, en todo caso, el comunicado era una confirmación de la grave denuncia que presentarían al día siguiente. Antes de la publicación –coincidían– el gobierno parecía estarse curando en salud.

¿Pero cómo harían para difundir la historia y el video? El sitio había comenzado a funcionar con intermitencia, pero no había certeza de que no volvería a caerse.

Eran casi las 22:00, cuando sumergidos en ese dilema, volvieron al mismo punto: ¿por qué no entrar en contacto con la gente de *Artículo 19* para que les ayudara?

–Me da pena llamarlos a esta hora– dijo Aristegui sentada ante la Mac, sin decidirse.

–Llámalos ya o nos quedaremos con la nota atrapada –presionó Castellanos.

Aristegui tomó el teléfono y marcó el número de Darío Ramírez varias veces, pero no pudo enlazarse. Castellanos probó con el suyo y tras varios intentos, se rindió. Ahora sus celulares estaban mudos.

Castellanos miró el teléfono de la oficina abandonado en un rincón. A nadie se le había ocurrido llamar desde ahí, tal vez porque jamás lo utilizaban. Marcó y le pasó la bocina a Aristegui. Ramírez respondió y dijo que estaba en una boda. La conductora le contó que el sitio estaba caído y que necesitaban dar a conocer la noticia a la mañana siguiente.

–¿Podrías ayudarnos a difundir el reportaje en la página de *Artículo 19*? –le preguntó.

Al otro lado de la línea escuchó la voz excitada de Ramírez:

–¡A huevo!

Cerca de ahí, Miret y Huerta habían sido relevados por Cárdenas para resolver los trámites burocráticos tras el choque con el trolebús y llegado a toda prisa al estudio para producir el video que el domingo sería difundido junto con el reportaje y las fotografías.

Más tarde, al volver al sitio, al tiempo que sus compañeros se esforzaban por salir a tiempo en medio de todas las vicisitudes, Cárdenas tuvo claro lo que había sacado a *Aristegui Noticias* de la blogósfera: un ataque cibernético lo dejó fuera de servicio cerca de doce horas. La empresa encargada del soporte técnico había confirmado desde Estados Unidos un bloqueo provocado por un mecanismo que había detonado miles y miles de clics para acceder al sitio, lo que había provocado que se viniera abajo por un efecto de saturación. La madrugada del domingo compró un plan de protección para mitigar el ataque y el sitio siguió funcionando de manera irregular los primeros minutos del domingo.

***

Alrededor de las 3:00 de ese día, cuando la mayor parte del país dormía y el sitio había comenzado a despertar, Aristegui, Castellanos, los Gustavos y Cárdenas hicieron un alto en su trabajo frenético para salir a comer. Llegaron al Fogoncito, a unas cuadras de ahí, y comieron tacos de carne.

Volvieron al departamentito que es la redacción de *Aristegui Noticias* y continuaron leyendo y escribiendo hasta el amanecer, bebiendo café, relevándose en la computadora para hacer correcciones afinar frases e ideas.

Cuando el sol de la mañana se filtró a través de dos ventanas desprovistas de persianas, Castellanos, una mujer madura con un carácter voluntarioso, comenzó a preocuparse porque el tiempo se agotaba y no veía que Aristegui estuviera dispuesta a terminar la edición del texto y del video. Era obvio que habían rebasado la hora límite de las 6:00 para publicarlos en acuerdo con *Proceso* y *Univisión*, lo cual no representaba un gran problema, pues bastó con llamarlos y reprogramar una nueva hora de lanzamiento.

Pero la reportera lo había previsto todo para echar a andar a las 10:00 una agresiva campaña para esparcir el reportaje con la ayuda de un estratega en redes sociales, y no quería perder la oportunidad de comenzar a postear en Twitter y Facebook, en las primeras horas de la mañana.

Alrededor de las 8:00 Cárdenas llegó a la oficina con unas bolsas llenas de frutas y partió una piña que sus compañeros picaron sin separarse de las computadoras. Huerta había vuelto con el video. Más tarde el plazo para propagar el reportaje en las redes sociales se cumplió, sin que Aristegui renunciara a seguir trabajando con obsesión. Hasta que algo inesperado volvió a ocurrir.

Unos minutos después de las 10:00 leyeron en los sitios *online* de los diarios una noticia que volvió a revolverles el estómago: la Secretaría de Gobernación emitía un nuevo comunicado para convocar ahora a una conferencia de prensa en la que haría un anuncio importante.

¿Qué podía ser tan relevante como para citar a los medios en domingo? ¿El gobierno daría a conocer el video que había recibido en forma anónima y presentaría su versión de los hechos?

—¡No! ¡No! ¡No! —gritó Castellanos. —¡Nos la van a partir!

Aristegui, el cabello revuelto de una noche en vela, el rostro largo, tomó el celular y llamó a Cárdenas, que había salido de la oficina.

–¡Hay que publicarla ya! –ordenó angustiada. –¡Suéltala! ¡Suéltala!

***

La soltaron. Antes de las 11:00 la historia de la matanza de Apatzingán ya circulaba en redes sociales.

–Buen trabajo –le dijo Aristegui a Castellanos–. Felicidades.

El equipo se marchó exhausto de la redacción para descansar un rato y volver después a trabajar en lo que resultara necesario.

Por la tarde, la investigación de Laura Castellanos se convirtió en *trending topic* de Twitter y unas horas después la retomaban *The New Tork Times, France Press, Reuters, Gazette Review, Voice of America* y *RT. El Universal,* que había enlatado el reportaje de Castellanos, publicaba mientras tanto una extensa entrevista con Castillo, el ex comisionado federal en Michoacán que había concluido que los muertos del 6 de enero «fueron blanco de sus propios compañeros». Ahora, en las páginas del diario propiedad de Juan Francisco Ealy, el nuevo titular de la Comisión Nacional del Deporte posaba sonriente y declaraba: «Haré historia».

La mayoría de los diarios mexicanos trató la denuncia de *Proceso,* Univisión y *Aristegui Noticias* como lo había hecho con el reportaje de la casa de Peña: otorgaron amplios espacios a las declaraciones del secretario de Gobernación, Miguel Osorio, prometiendo que se investigarían los sucesos «ante la versión de que policías federales habrían participado en la muerte de civiles», pero ocultaron la investigación de Castellanos. El diario *Reforma,* que a partir de la desaparición de los normalistas había endurecido su posición crítica del gobierno peñista, dio cuenta de que el sitio *online* de Aristegui había sido atacado y desplegó tres páginas a escala de una serie de espléndidos reportajes publicados en enero de 2015 por el reportero Benito Jiménez, que presentó la declaración de un testigo que contaba cómo uno de los guardias rurales había sido ejecutado por policías federales.

Pero en los medios electrónicos hubo sorpresas. Fuera de línea con su cercanía a Peña y la posición consistente que había mostrado, en Televisa Carlos Loret de Mola y Joaquín López Dóriga dedicaron varios minutos a difundir que existía una nueva versión sobre la muerte de los campesinos en Michoacán, a principios del año.

En el corto plazo, la matanza de Apatzingán tendría un mayor impacto que la revelación de la casa blanca del presidente –que acumula 5 millones de vistas–: en menos de 24 horas, un millón de personas miraron el reportaje de Castellanos en YouTube.

***

«Carmen, usted no es periodista», le había dicho Julio Scherer a Carmen Aristegui unos años atrás, en una de esas fiestas de la revista *Proceso* en donde directivos y editores lanzaban sentencias como si fuesen cuchillos.

¿Se trataba de una broma pesada del fundador de *Proceso*? Algunos testigos sostienen que sí, y que al final la colmó de elogios. Otros dicen que eso era lo que Scherer pensaba, y que Aristegui se ofendió.

199

Reportero de cuerpo entero que llevó a territorios temerarios el arte de entrar y salir no siempre ileso de los pantanos del poder, Scherer creía tal vez que sentada detrás de un micrófono, Aristegui no practicaba el periodismo más clásico, el de Ryszard Kapuściński y Hemingway, que emprendían travesías interminables para ver, escuchar, preguntar y volver para retratar los túneles oscuros del poder y la condición humana.

Aristegui no es una de esas periodistas que recorren países para entrevistar personajes y reportar guerras, investigar y obtener documentos, escribir crónicas en sitios peligrosos y entrar a las entrañas de regímenes autoritarios y salir para contarlo. Pero representa una concepción moderna del periodismo: lejos del poder y cerca de la sociedad. Simboliza también un periodismo creativo que contraría las formas tradicionales. Por intereses u orgullo, la mayoría de medios se resiste a emprender proyectos conjuntos que potencien el alcance y la profundidad de su contenido, lo que consiguieron los modelos de difusión de las historias de la casa del presidente Peña y la matanza de Apatzingán, que llegaron a millones de personas por medio del internet. El periodismo del futuro puede ser un experimento donde se funden y se complementen distintas características y habilidades, ante el acoso del poder político, el poder del narcotráfico, el poder caciquil y el poder del dinero para silenciar el periodismo independiente.

¿Pudo existir la investigación impecable de la casa de Peña sin el trabajo riguroso y de largo aliento de Cabrera, Lizárraga, Huerta y Barragán? ¿La historia hubiera tenido una proyección similar sin la voz y la marca Aristegui? ¿Aristegui hubiera podido realizar la investigación de la casa de Peña sin los recursos, el contrato y el código de ética aceptado por la familia Vargas para otorgar autonomía a su trabajo?

El conjunto de reglas con el que volvió a MVS permitieron a Aristegui proteger su independencia editorial y a los Vargas, un grupo empresarial pequeño y contestatario sin fama de corrupto, hacer un periodismo que podría ser llamado de investigación, crítico o independiente, pero que se caracterizaba por mantener una línea editorial diferente a casi todo lo demás. Hasta que un viernes 13, algo se rompió.

Quizá fue la situación delicada de las compañías de los Vargas; tal vez fue que Aristegui había llegado demasiado lejos en la empresa; probablemente pesó la incomodidad del gobierno peñista para ser vigilado. Quizá fue que como un matrimonio desgastado, ambos estaban un poco hartos.

Tal vez fue todo eso junto.

***

Un lunes de finales de abril Carmen Aristegui esperaba con impaciencia una audiencia en la que un juez podría ordenar su reinstalación en la *Primera Emisión* de MVS, por lo menos mientras se resolvía un largo litigio en tribunales. Se trataba de la misma autoridad que semanas antes había aceptado un amparo interpuesto por la periodista, que situó a la empresa en el equivalente a una autoridad por ser concesionaria de un servicio público, y a sus actos en posibilidad de ser juzgados para determinar si son violatorios de los derechos humanos (los de la audiencia a tener acceso al espacio de la conductora).

Habían pasado cuarenta y tres días desde su despido, lo suficiente para que sucedieran cosas importantes en su entorno. Ese día la respetada periodista Blanche Petrich publicaba en el diario *La Jornada*, una entrevista con Aristegui sobre su salida de MVS y la urgencia de debatir la relación entre los empresarios de los medios y los periodistas, que justo en esos momentos atravesaba una grave crisis financiera que amenazaba su permanencia, una circunstancia que sin duda estaba conectada con otra relación crucial: la de los medios con el Estado, y como parte de ésta, la ausencia de un marco legal para regular la distribución de la publicidad oficial, que en 2015 ascendía a 6.2 mil millones de pesos.

¿Hasta qué punto la dilación de casi un año en el pago de la publicidad contratada por el gobierno había contribuido a asfixiar a algunos diarios, como ocurría ahora con *La Jornada*? ¿Cuánto más soportarían medios independientes como *Proceso*, *Sin Embargo* y *Animal Político*, que no recibían publicidad oficial? ¿El presidente Peña retomaría o quizá enterraría para siempre la promesa hecha en campaña de impulsar un marco legal en la materia?

En el territorio de los medios electrónicos, donde los dueños explotan una concesión del Estado, lo cual los hace más proclives a dejarse presionar o ser presionados, Aristegui le había dicho a Petrich que creía imprescindible abrir una discusión sobre el mejor modelo para que periodistas y empresas pudiesen ofrecer contenidos resultado de un trabajo periodístico libre y un esfuerzo profesional y ético, en beneficio de las audiencias.

Ese lunes de abril la periodista leyó la entrevista y esperó impaciente la resolución del juez, pero al final del día la audiencia fue pospuesta. Entonces Aristegui volvió a su nueva condición, un mundo rodeado de abogados en el que parecía decidida a dar una batalla legal que podía extenderse por años, para recuperar su espacio en MVS. Se mostraba segura de que era la decisión correcta, y pese a que amigos y colaboradores habían tratado de persuadirla de dar vuelta a esa página, era la más optimista de todos quienes la rodeaban.

Su equipo se mantenía unido, aunque todos habían elegido un camino. Huerta la seguía casi a diario a trámites oficiales y manifestaciones en las que repartía miles de amparos simbólicos contra el despido. Cabrera estaba dedicado a recuperar la memoria de la historia de la casa blanca. Lizárraga y Barragán habían preferido concentrarse en nuevas investigaciones. Miret continuaba en el equipo, en espera de poner todos sus dados en la aventura de abrir una heladería artesanal. Camarena había renunciado a principios de abril.

En esos cuarenta y tres días transcurridos desde su despido, en conferencias, en entrevistas con periodistas, en reuniones con amigos y colaboradores, Aristegui escuchó en repetidas ocasiones unas preguntas que con seguridad se hacían miles de personas enfrentadas en un país dividido, los fanáticos que la defendían a muerte y los que la odiaban a morir, pero la escuchaban todos los días cuando estaba detrás de un micrófono:

¿Cuál era el camino que había elegido para continuar?

¿Por fin abriría su propio espacio de radio digital?

¿Consolidaría de una vez por todas *Aristegui Noticias?*, una mina adormecida, un sitio sin publicidad comercial que al cierre de abril reportaba un promedio mensual de 15 millones de usuarios únicos, 35 millones de visitas y 75 millones de páginas vistas.

Una y otra vez, como en 2008 al salir de W Radio, Carmen Aristegui, la periodista que nunca deja de hacer preguntas, respondería:

–No es el momento.